Sebastian Knurrhahn

MUSS MANN GESEHEN HABEN

50 legendäre Orte
von der Mönchsrepublik Athos
bis zum Atombunker in South Dakota

riva

Bibliografische Information der Deutschen Nationalbibliothek
Die Deutsche Nationalbibliothek verzeichnet diese Publikation in der Deutschen Nationalbibliografie. Detaillierte bibliografische Daten sind im Internet über http://dnb.d-nb.de abrufbar.

Für Fragen und Anregungen:
info@rivaverlag.de

Originalausgabe
1. Auflage 2017

Nymphenburger Straße 86
D-80636 München
Tel.: 089 651285-0
Fax: 089 652096

Redaktion: Sabine Franke
Umschlaggestaltung: Laura Osswald
Umschlagabbildung: Red monkey/Shutterstock, Tom Reichner/Shutterstock, vlas2000/Shutterstock, Diego Grandi/Shutterstock, Fourleaflover/Shutterstock
Satz: Satzwerk Huber, Germering
Druck: Florjancic Tisk d.o.o., Slowenien
Printed in the EU

ISBN Print 978-3-7423-0275-5
ISBN E-Book (PDF) 978-3-95971-741-0
ISBN E-Book (EPUB, Mobi) 978-3-95971-740-3

Weitere Informationen zum Verlag finden Sie unter:

www.rivaverlag.de
Beachten Sie auch unsere weiteren Verlage unter www.m-vg.de.

INHALT

EINSTIMMUNG FÜR MÄNNER

»Wann ist ein Mann ein Mann?«, fragt singend Ruhrgebietsbarde Herbert Grönemeyer. Und die Antwort fällt bekanntlich im 21. Jahrhundert nicht ganz so einfach aus. Reicht es, wenn man einen Bären erlegt hat, oder muss man auch die Kinder in die Tagesstätte bringen? Soll man aus der Jagdbeute auf die Schnelle ein Drei-Gänge-Abendmenü mit über Holzkohle gegrillter Bärentatze zaubern können oder doch lieber vegan unterwegs sein? Ist Motorradfahren eigentlich noch angesagt oder darf man sich auf dem Weg ins Büro mit dem Klapprad erwischen lassen? Und was ist mit kurzen Hosen, Armdrücken und dem Bewundern von Ernest Hemingway?

Klar ist, die Welt ist für Männer nicht einfacher geworden. Noch mögen Frauen auf Männer mit muskulösem Oberkörper mit Öl- und Schweißspuren stehen, die sich in der Hitze des Mittags vor einer süditalienischen Autowerkstatt über einen Motor beugen. Doch das alles geht mit den modernen, digital-elektronisch gesteuerten Karossen nicht mehr, und wenn Mann kein Mechatroniker ist, sollte er die Finger von den Zündkerzen lassen.

Doch noch gibt es für den Mann kleine Fluchten. Unerforschte Gebiete am Rand des Tourismus-Universums, die nur über Schlammpisten oder mit alten Propellerflugzeugen zu erreichen sind, dunkle Höhlen und Bunker, abgelegene Berge, tiefe Krater, Flüsse, die im Nirgendwo enden.

In diesem Buch sind 50 derartige Orte versammelt. Es mag sich um eine subjektive Auswahl handeln, doch haben sie eines gemeinsam: Sie passen in das Schema von Männer-Träumen, jedenfalls was Abenteuer, Wagnis, Spieltrieb, Mut, Technik oder Sport anbelangt. Und dass man an diesen Orten auch auf Frauen treffen kann, ist ja nicht das Schlechteste. Brecht also auf, Männer. Die Abenteuer warten.

1

DIE MÖNCHSREPUBLIK ATHOS

CHALKIDIKI, GRIECHENLAND

Stille, Dunkelheit. Von irgendwoher ertönt ein Pochen. Nur langsam dringt dieses stete Geräusch in den Traum vor, bis man erwacht und gewahr wird: Es ist fünf Uhr morgens, und einer der Mönche weckt die schlafenden Pilger für den Morgengottesdienst. Sein Pochen an den Türen der Schlafsäle hallt durch die leeren Korridore des Grigoriou-Klosters. Noch ist es dunkle Nacht, und auch die Klosterkirche, in der bereits seit einer Stunde das Gebet in orthodoxem Ritus vor sich geht, ist nur im Vorraum von wenigen Kerzen erhellt. Wie Schatten bewegen sich die schwarz gekleideten Mönche im Hauptraum der Kirche, und ihr Gesang steigt durch den Weihrauch auf in die Kuppel. Zwischen den goldgefassten Ikonen und Reliquien entfaltet sich die Liturgie, und die Zeit scheint um das flackernde Licht der Kerzenflammen zu kreisen. Und dann wird im Hauptraum das Licht entzündet und die Mönche verlassen schnellen Schrittes das Katholikon. Es ist nun sieben Uhr am Morgen, die Sonne schickt ihre Strahlen über das Ägäische Meer und taucht das Kloster in ihr wärmendes Licht. In der griechischen Mönchsrepublik auf dem Berg Athos beginnt ein neuer Tag.

Der Weg hierher war lang und mühsam. Zwei Tage zuvor war früh am Morgen Aufbruch im Kloster Megisti Lavra an der Ostküste, dem ältesten der insgesamt 20 Athos-Klöster. Der Weg führt entlang einem der alten Monopati – mit Steinen befestigte

Pfade. Langsam beginnt das Gewicht des Rucksacks zu drücken, denn wer auf Athos zu Fuß unterwegs sein will, sollte die entsprechende Ausrüstung dabeihaben: Wasser, Essen, einen Schlafsack für den Notfall. Zu kaufen gibt es abseits der Hauptstadt Karyes nämlich nichts. Unterkunft und Verpflegung der Pilger wird nur durch die Gastfreundschaft der Klöster gewährt. Die Mönchsrepublik ist eine eigene Welt. Eine Welt des Glaubens und der Männer.

Diese Welt kann man nur mit dem *Diamonitirion* in der Tasche betreten. Das ist das Einreisevisum, das man möglichst Monate zuvor bei dem Pilgerbüro in Thessaloniki beantragen sollte. Ausgehändigt wird einem das Papier dann gegen einen Obolus von 30 Euro im örtlichen Athos-Büro von Ouranoupolis, einem Hafenort auf dem östlichsten Finger der Chalkidiki-Halbinsel im Norden Griechenlands. Nur von hier aus und nur per Schiff ist die Mönchsrepublik erreichbar. Denn wer die Straße hinter der Stadt weiter entlangfährt, der gelangt schließlich an einen Zaun, der die Mönchsrepublik vom Rest der Halbinsel abtrennt. »Grenze zum Heiligen Berg« steht auf einem Schild geschrieben und »Das Überqueren der Grenze ist illegal.«

Das Betreten der Mönchsrepublik ist nur Männern erlaubt. Das Einreisevisum sollte man am besten mehrere Wochen vor dem geplanten Aufenthaltstermin beantragen. Zugänglich ist die Mönchsrepublik nur per Schiff von Ouranoupolis aus, einem Hafenort auf dem östlichsten Finger der Chalkidiki-Halbinsel im Norden Griechenlands. Dort kann man sich auch das Visum abholen. Das deutsche Generalkonsulat in Thessaloniki hat auf seiner Webseite Informationen zum Besuch von Athos zusammengetragen.

Die orthodoxe Mönchsrepublik zieht sich 43 Kilometer von Nordwest nach Südost, umfasst rund 330 Quadratkilometer und besteht aus 20 eigenständigen Großklöstern mit einer Regierung in der Hauptstadt Karyes. Die Regierung besteht aus der »Heiligen Versammlung«, einem Gremium, in dem die auf Lebenszeit gewählten Äbte der Klöster vertreten sind. Politisch hat der Kleinstaat einen autonomen Status, ist aber der Souveränität Griechenlands unterstellt. Derzeit leben rund 2000 Mönche in den Klöstern, den Einsiedeleien und den sogenannten Skiten, von Mönchen bewohnten Dörfern.

Betreten werden darf die Mönchsrepublik nur von männlichen Pilgern, für Frauen ist der Heilige Berg verboten. Theologisch begründet wird dies damit, dass der Athos der obersten Heiligen des orthodoxen Christentums, der Heiligen Maria, vorbehalten ist. Das Frauenverbot wird vielfach kritisiert, so von der Europäischen Union und zuletzt vom Weltkirchenrat, doch die Mönche des Athos wollen an ihrer Männerwelt festhalten.

Der Weg durch das Gestrüpp führt an mehreren Wasserstellen vorbei, und dann ist am frühen Nachmittag Rast angesagt. Plötzlich taucht aus einem der Seitenwege ein Mönch auf seinem Pferd auf, und kaum kann man die Begrüßungsformel *»Evlogite«* – »Segne mich!« (die Antwort lautet *»O Kyrios«*) – murmeln, da sind Ross und Reiter auch schon wieder im Dickicht verschwunden. Beim erneuten Schultern des Rucksacks macht sich dessen Gewicht deutlich bemerkbar, und nach etlichen Stunden des Wanderns spürt man seine Füße. Doch die Prüfung wird erst noch kommen. Noch zwei

Stunden sind es bis zum Kloster Pavlou, das wie das Kloster Grigoriou, das wir am nächsten Tag erreichen wollen, an der Westküste gelegen ist. Jeder Schritt fällt schwer, und jetzt tut nach acht Stunden Fußmarsch auch der Rücken weh – für welche Sünden büßt man hier?

Schließlich aber kommt das Kloster in Sicht: Hoch an den Felsen geschmiegt, mit unzähligen Fenstern und hölzernen Balkonen, von denen der Blick in die Weite des Meeres schweifen kann. Und schließlich durchschreitet man die Klosterpforte und erklimmt die letzten Stufen hinauf zur Unterkunft für die Pilger. Während man völlig fertig seinen Namen in das Gästebuch schreibt, versammeln sich im Katholikon schon die Mönche zum Abendgebet.

Später sitzt man mit anderen Pilgern im Refektorium beim Abendmahl: Es gibt Wasser, Oliven, Brot und Halva. Gegessen wird an großen Tischen, die Wände des Speisesaals sind voll von Darstellungen der biblischen Geschichte. Nach dem Essen ziehen sich die meisten Pilger in ihre Schlafstätten zurück. Langsam verebbt das Leben im Kloster, und Stille legt sich über die langen Korridore. Bei Sonnenuntergang beginnt nach den Regeln von Athos die Zeitrechnung für den neuen Tag. Die Tore des Klosters schließen, und wer nicht drinnen ist, muss draußen bleiben.

MÄNNERINDIKATOR: Ziemlich hoch und kaum zu toppen, jedenfalls wenn man Orte, die für Frauen total verboten sind, für interessant hält. Hoher Sport- und Spiritualitätsfaktor.

2

DIE ATOMRAKETEN VON SOUTH DAKOTA

SOUTH DAKOTA, USA

Der Aufstieg zum Bear Butte im Westen von South Dakota – ein alleinstehender Hügel, der 300 Meter aus der ansonsten flachen Prärie herausragt – kann einen zum Schwitzen bringen. Am Ende geht es noch einige steinerne Stufen empor. Unterwegs sieht man immer wieder bunte Gebetstücher an den Bäumen und Sträuchern hängen, denn für die hier lebenden Lakota-Indianer ist der Bear Butte ein heiliger Ort. Schließlich steht man ganz oben, der Wind weht kräftig, und von hier geht der Blick weit hinaus in die Ebene und reicht bis in die Nachbarstaaten Wyoming, Montana und North Dakota.

Auch wenn man ein Fernglas dabeihätte und damit intensiv den Horizont absuchte: Sie wären weitgehend unentdeckt geblieben, die mehr als einhundert unterirdischen Atomraketensilos mit ihren Kommandoständen. Denn hier in South Dakota war eines der Raketenzentren der USA, die im Kalten Krieg für das Gleichgewicht des Schreckens sorgten. Einmal abgefeuert, konnten die Minuteman-Raketen mit ihren atomaren Gefechtsköpfen innerhalb von 30 Minuten ihre Ziele in der damaligen Sowjetunion erreichen. South Dakota ist ein Staat im Mittleren Westen, dünn besiedelt und schier endlos breitet sich die Prärie bis zum Horizont aus. Quer durch den Bundesstaat zieht sich wie eine Hauptschlagader der Interstate Highway Nr. 90. Die Ausfahrt 131 führt nach Cactus Flat, der Ort besteht aber eigentlich nur aus einer Tankstelle mit angegliedertem Supermarkt und aus der Kontaktstelle des Badlands-Nationalparks. Die Badlands sind ein Gebiet mit bizarren Felsformationen, das von Park-Rangern verwaltet wird. Ranger Butch Davis aber hat nicht mit Adlern, Wildkatzen oder Büffeln zu tun, er kümmert sich um die Besucher eines Raketensilos.

Denn 1991 unterzeichneten US-Präsident George Bush und der sowjetische Präsident Michail Gorbatschow einen Vertrag zur Abrüstung strategischer Waffensysteme. In der Folge wurden die Minuteman-Silos in South Dakota deaktiviert, eine von insgesamt sechs Minuteman-Atombasen in sieben US-Bundesstaaten. Heute ist »Delta-09«, ein Raketensilo, und »Delta-01«, ein unterirdischer Befehlsstand, als »Nationales Historisches Denkmal« für die Öffentlichkeit zugänglich.

Eine unbefestigte Straße führt hinaus in die weite Ebene der Prärie. Schließlich erreicht man ein einsam liegendes, flaches Gebäude, umzäunt mit Stacheldraht – hier befindet sich im Untergrund verborgen »Delta-01«, eines der ehemaligen Kontrollzentren. Das Gebäude an der Oberfläche beherbergte die Versorgungseinrichtung – Stromgeneratoren, eine Küche, Schlafräume, einen Aufenthaltsraum mit Fernseher, die Wache und die Kommunikationsapparate. In dieser Baracke schob die Mannschaft ihren Dienst: Die acht Männer der Raketenschwadron – Offiziere der US Airforce –, das Wachpersonal, der Koch und die für die Versorgung Zuständigen. Eine Schicht dauerte drei Tage. Mehrmals pro Monat rückten die Bunkerbesatzungen zu einer dieser Schichten aus.

Neben dem Gebäude ist ein gepanzertes Fahrzeug geparkt, mit dem das Gelände kontrolliert wurde. Der eigentliche Kontrollraum aber liegt rund zehn Meter

Die *National Historic Sites* Delta-01 und Delta-09 sind im Westen von South Dakota zu besichtigen. Zufahrt zum Infopoint über den Interstate Highway Nr. 90, Ausfahrt 131 nach Cactus Flat. Von dort aus werden geführte Touren angeboten.

unter der Erde, eine durch Schockabsorber abgefederte Metallkapsel in einer 18 Meter langen Betonschale mit einem Durchmesser von rund zehn Metern, dafür ausgelegt, auch eine Atomexplosion zu überstehen.

Ranger Butch öffnet mit seinem Schlüssel das Scherengitter des Aufzugs, der summend hinab in die Tiefe fährt. Ein Vorraum führt zu dem eigentlichen Bunker, die letzte Besatzung hat sich hier mit einem Wandgemälde verewigt: Es zeigt eine amerikanische Rakete, die eine Sowjetfahne zerfetzt. Auch das acht Tonnen schwere stählerne Bunkerschott ist auf einer Seite bemalt: »Wir liefern weltweit in 30 Minuten oder weniger«, steht da geschrieben.

Zu dieser Tür hatten nur die beiden Crew-Mitglieder Zutritt, 24 Stunden lang schoben sie ununterbrochen Dienst im Kontrollraum. Zur Ausrüstung im Inneren des Bunkers gehörten ein Bett mit blauem Sichtvorhang und eine Toilette. Und natürlich die Apparate für die Kommunikation nach draußen und für den Abschuss der Atomraketen. Zehn »Minutemen II« wurden von hier aus kontrolliert, insgesamt waren 150 Raketen in South Dakota stationiert, die in drei *squadrons* organisiert waren.

Das Herzstück des Bunkers sind die beiden Kommandostände, hier saßen die wachhabenden Offiziere auf ihren Stühlen, einige Schritte voneinander entfernt. Ranger Butch Davis zeigt auf einen Lautsprecher und erklärt: »Hier wäre der Warnton für den Ernstfall durchgegeben worden.« Danach wäre eine Stimme gekommen: »Stand by! Stand by! Prepare to copy!« – am anderen Ende der Leitung ein Offizier des Hauptquartiers des strategischen Kommandos auf der Airforce Base in Nebraska. Die Stimme hätte einen Code durchgegeben: »Bravo, Bravo, Echo, Tango, …«. Jeder der beiden Kommandeure hätte den Code mit einem Bleistift mitgeschrieben und anschließend mit dem des anderen verglichen. Hinter den Codes verbargen sich verschiedene Bedrohungsszenarien wie etwa der Anflug von Raketen.

Das Prinzip der Zweierbesatzung diente der gegenseitigen Kontrolle. Ein Offizier allein hätte keine Rakete abfeuern können. Im Alarmfall hätten beide den Safe mit den Startschlüsseln geöffnet. Der Kommandeur hätte dem zweiten Mann den Befehl gegeben, seinen Schlüssel in die Startvorrichtung zu stecken und auf sein Zeichen hin zu drehen. Auch der Kommandeur hätte seinen Schlüssel eingesteckt. Er hätte gezählt: »Fünf, vier, drei, zwei, eins.« Dann hätten beide ihren Schlüssel gedreht – und der Kalte Krieg wäre ein heißer Krieg geworden. »Es gab nie einen Knopf, auf den man drücken musste«, sagt der Ranger.

Zurück an der Oberfläche, geht es durch die Prärie zu »Delta-09«, einem der Raketensilos, die von »Delta-01« kontrolliert wurden. Ein Drahtzaun umgibt ein nicht allzu großes, steiniges Areal, in der Mitte eine Plattform aus Beton. Auf der Plattform sitzt ein Silodeckel aus Glas, von hier geht der Blick hinunter zu der weißen Minuteman-Rakete. »Delta-09« war von 1963 bis 1991 einsatzbereit, heute ist sie die einzige Abschussrampe in dieser Region, die nach den Abrüstungsverhandlungen noch erhalten ist. Die anderen wurden alle gesprengt und mit Erde aufgefüllt, die Raketen entnommen und deaktiviert. Aber: Heute sind noch 450 aktive Minuteman-Raketen des Typs III in Montana, Wyoming und North Dakota stationiert.

MÄNNERINDIKATOR: Wer sich im Detail dafür interessiert, wie man die Welt in die Luft jagen kann, ist hier richtig. Viel Technik, viel Feind und Ehr'. Hoher Technik- und Geschichtsfaktor.

3

DAS GRÖSSTE MOTORRADMUSEUM DER WELT

BIRMINGHAM, USA

Dieses Birmingham liegt nicht in England, sondern im US-Bundesstaat Alabama. Und von hier sind es nur ein paar Kilometer bis zum »Barber Vintage Motorsports Museum«, das von außen wie eine moderne Fabrikationshalle von General Motors oder wie ein großer silberner Flugzeughangar aussieht. Linker Hand sind auf grünem Rasen drei übergroße Metallfiguren aufgestellt, die an »Supermänner« erinnern: Mit den Beinen auf der Achse eines Rades stehend, mit wehendem Umhang und nach vorn gerichteter Geste sollen sie wohl die Dynamik der Fortbewegung symbolisieren. Drinnen im Gebäude lassen sich dann die technischen Vehikel bestaunen, die derartiges dynamisches Fahren erlauben: Rund 1200 Motorräder und Gespanne, ausgestellt auf fünf Ebenen und aufgestapelt wie Matchbox-Spielzeugautos. Ob ein Yale-Gespann aus dem Jahre 1913 oder eine Münch »Mammut«, das Museum – das wohl größte seiner Art in der ganzen Welt – bietet eine umfassende Sammlung von motorisierten Zweirädern und gibt so einen eindrucksvollen Überblick über die Geschichte und Produktion des Motorrads.

Birmingham lebte früher vom Stahlkochen und vom Eisengießen. Das ist freilich mittlerweile an die 40 Jahre her und aus den Eisengießereien wurden Industriemuseen, die alten Werkhallen dienen heute als Show-Bühne. Fährt man auf dem Highway Nr. 20 in Richtung Atlanta, erreicht man von Birmingham Downtown aus in 15 Minuten die Abfahrt 140 und gelangt so zum Barber Vintage Motorsports Museum. Dessen Ausstellungsstücke gehen zurück auf eine private

Sammlung aus dem Jahre 1988, die 1994 in eine Non-Profit-Organisation umgewandelt und der Öffentlichkeit zugänglich gemacht wurde. Der Gründer, Georg Barber, kommt aus einer Familie, die im Milchgeschäft und mit Grundstücken reich wurde, und fuhr in den 1960er-Jahren selbst Autorennen. 1999 wurden die ursprünglichen Ausstellungsräume in Birmingham schließlich zu klein, und 2003 wurde das neue Museumsgebäude an der Interstate 20 eröffnet. Der Ort ist auch deshalb eine Attraktion für Motorsport-Enthusiasten, weil auf dem Gelände eine 3,7 Kilometer lange Rennstrecke angesiedelt ist. Hier können sich die amerikanischen Besitzer von Porsches und anderen Sportwagen, die ansonsten wegen der landesweiten Geschwindigkeitsbeschränkung von maximal 130 Stundenkilometern auf den Autobahnen gern weinen, endlich einmal austoben.

Wer das weitläufige Museumsgebäude betritt und den Eintrittspreis von 15 Dollar bezahlt hat, ist zunächst vom Anblick der Architektur und den darin ausgestellten Motorrädern beeindruckt. Bis in schwindelnde Höhen stapeln sich in einer Art Boxen die PS-Schätze, weitläufig führt eine Rampe hinauf zu den verschiedenen Ebenen des Museums. In der Mitte sorgt ein zentraler gläserner Lift sowohl für den Transport der Besucher wie auch der Ausstellungsstücke.

Das Museum liegt in der Nähe von Birmingham/Alabama. Die nordamerikanische Luftverkehrsdrehscheibe Atlanta ist nur eineinhalb Autostunden entfernt. Adresse: 6030 Barber Motorsports Pkwy, Leeds, AL 35094.

Der Motorrad-Enthusiast arbeitet sich auf den verschiedenen Ebenen quasi durch die Geschichte der Zweirad- und Motorentechnik hindurch. Von der Jahrhundertwende 1900 bis zur Gegenwart sind in der Ausstellung rund 200 Hersteller aus 20 Ländern vertreten. Das älteste Modell ist die luftgekühlte Einzylindermaschine der amerikanischen Firma Steffey aus dem Jahre 1902 – das Ding erinnert mit seinen über einen Riemen angetriebenen Speichenrädern noch sehr an ein Fahrrad. Nicht weit davon entfernt findet sich die »Fliegende Merkel«. Freilich ist damit nicht die deutsche Bundeskanzlerin gemeint, sondern eine Zweizylindermaschine aus Ohio/USA. Die »Flying Merkel Model 71« stammt aus dem Jahr 1913, brachte sieben PS auf die Straße und sah schon richtig wie ein Motorrad aus. Einige Jahre später war man mit der »Militor«, einer amerikanischen Vierzylindermaschine, schon mit 35 Meilen per Stunde unterwegs, das im Museum ausgestellte Modell ist eine Beiwagenmaschine, ganz in Grün lackiert. Die für das Militär konzipierte Maschine kam 1918 auch in geringer Stückzahl in Frankreich zum Einsatz.

Zeitsprung in die 1920er-Jahre: Es ist wohl eines der ungewöhnlichsten Motorräder, das hier unter dem Namen »Böhmerland« ausgestellt ist. Die im Jahre 1925 in der Tschechoslowakei hergestellte Einzylindermaschine sieht mit ihrem lang gestreckten Rahmen und der rotgelben Lackierung aus, als wäre sie von Pippi Langstrumpf erfunden. Auf der Maschine konnten drei Leute Platz nehmen, die 600 Kubik beschleunigten das Gefährt auf 80 Stundenkilometer, und die Räder aus Aluminium galten als technische Neuerung. An die 1000 Stück der »Böhmerland« wurden zwischen 1924 und 1939 gefertigt. Aber auch nicht von schlechten Eltern zeigt sich im Museum die Indian »Model 403« aus dem Jahre 1932. Der amerikanische Flitzer mit seinem Vierzylinder-Reihenmotor macht schon einen sehr soliden Eindruck und wurde bis zu 75 Meilen pro Stunde schnell.

Die 1950er-Jahre waren die Jahre des Designs und der ungewöhnlichen Modelle. So zeigt das Barber-Museum eine Reihe von kurios anmutenden kleinen Stadtflitzern wie das Cushman »Highlander Model 714« von 1953 aus den USA.

Das preisgünstige Modell sollte den Einstieg in die motorisierte Zweiradwelt erleichtern. Gegenüber dieser puristischen Ausstattung ist man vom italienischen Design zweier Aermacchi »Chimera« geradezu geblendet. Der »Traum« von 1957 (180 Kubik) ist in beige-roter Lackierung gehalten, der von 1960 (250 Kubik) in Azurblau. Doch das aerodynamische Design war selbst für Italien zu progressiv, das Modell verkaufte sich schlecht.

In der Sammlung der 1960er-Jahre darf natürlich eine britische Royal Enfield nicht fehlen. Die »750 Interceptor«, eine Zweizylinder-Maschine mit 736 Kubik, steht für die britische Motorradproduktion dieser Zeit. Als in den 1970er-Jahren das britische Werk seine Pforten schließen musste, wurde die Enfield in Lizenz in Indien weitergebaut und wird auch heute noch in Madras gefertigt. Als legendär gilt heute die Diesel-Version der Enfield: Mit einer Tankfüllung kam man angeblich 1000 Kilometer weit.

Wer sich weiter durch die Fülle der ausgestellten Motorräder hindurcharbeitet, stößt schließlich auf Maschinen wie die Harley-Davidson »Captain America«, wie sie Peter Fonda in *Easy Rider* fuhr. Von den Hondas und Kawasakis der 1970er-, 1980er- und 1990er-Jahre reicht die Bandbreite der Modelle über eine Münch »Mammut« bis zur modernen BMW »R 1200 C« von 1998.

MÄNNERINDIKATOR: Wer sich für zwei Räder mit einem Motor dazwischen begeistern kann, ist hier goldrichtig. Wahrscheinlich gibt es nirgends sonst mehr Motorräder auf einem Haufen zu sehen als hier. Hoher Technikspaßfaktor.

4

DIE MAYA-RUINEN VON TIKAL

TIKAL, GUATEMALA

Es ist ein unvergesslicher Anblick: Von der Spitze der Maya-Pyramide geht der Blick weit über die riesige grüne Fläche des Regenwalds. Ab und zu erheben sich Vögel von den Bäumen in die Luft und landen wieder in einem entfernten Baumwipfel. Irgendwo tief unten lärmen Brüllaffen. Dann ist wieder Stille. So muss es auch vor tausend Jahren gewesen sein, als die Hohepriester der Indianer-Kultur für ihre heiligen Zeremonien hier die vielen Steinstufen heraufstiegen. Uns läuft ein kleiner Schauer über den Rücken, und wir bekommen leicht feuchte Hände. Unten liegen die Ruinen von Tikal, der Stadt inmitten des Dschungels.

Tikal liegt in der Provinz Petén, einem nördlichen Regierungsbezirk von Guatemala. Während das mittelamerikanische Land im Süden durch seine hohen Berge geprägt ist, erstreckt sich hier eine grüne Tiefebene, an die im Norden Mexiko und im Osten Belize grenzt. Der Dschungel hier ist undurchdringlich, Petén gilt als abgelegene Region mit wenigen Straßen – vorwiegend Staubpisten, die sich bei Regen schnell in Schlamm verwandeln. Hierher kommt man meist mit dem Flugzeug, es ist die bequemste Art zu reisen. Wir sind in Guatemalas Hauptstadt in eine russische zweimotorige Propellermaschine gestiegen. Der nächstgelegene Flughafen befindet sich in Flores, einer Stadt, 60 Kilometer von der Ruinenstadt entfernt. Von hier aus geht es mit dem Bus weiter bis zum Besucherzentrum von Tikal. Dort befinden sich auch die Übernachtungsmöglichkeiten: ein paar kleine Hotels und ein Campingplatz.

Es ist unsere erste Nacht wirklich mitten im Dschungel, und wir untersuchen erst mal unser Zimmer in einer Lodge auf Spinnen oder andere ungewünschte

Besucher. Am nächsten Morgen machen wir uns auf, die Umgebung zu erkunden. Wer sich in die weitläufigen Ruinen der antiken Stadt begibt, macht zugleich eine Zeitreise in jene Epoche, in der Tikal zu einem bedeutenden Zentrum der Maya-Welt aufgestiegen war. Ähnlich wie bei anderen Maya-Städten des Tieflands hatten sich um 600 v. Chr. die ersten Menschen hier wegen der erhöhten Lage angesiedelt. Fast 800 Jahre später war Tikal eine Großmacht in der

Region, und König Große Jaguar-Tatze führte einen spektakulären und erfolgreichen Feldzug gegen den Stadtstaat Uaxactún, der nicht einmal 20 Kilometer nördlich von Tikal lag. Auf einer Steinstele ist das Datum des Sieges eingemeißelt: der 16. Januar 378. Es war der Beginn einer jahrhundertelangen Herrschaft über die Tiefebene Petén. Im frühen 9. Jahrhundert nahm die Macht von Tikal allerdings ab, und es entstanden keine neuen Bauten mehr. Wahrscheinlich leitete eine Dürreperiode den Untergang ein. Man geht davon aus, dass die Bevölkerung die Stadt im 10. Jahrhundert vollständig verlassen hat.

In der Neuzeit blieb Tikal lange unentdeckt. Der Urwald hatte die Gebäude erobert und zwischen den gewaltigen Ruinen blühten die Orchideen und schlängelten sich ungestört die Schlangen. Trotzdem galt Tikal noch immer als heiliger Ort. Erst in den 1950er-Jahren des 20. Jahrhunderts setzte eine archäologische Erforschung der im Regenwald versunkenen Stadt ein, wurden die Grundmauern der Stadt freigelegt und erstmals kartografisch erfasst. Heute beeindrucken vor allem die großen Steintempel, deren Spitzen sich über das Grün des Urwaldes erheben.

Tikal ist ein bedeutender Maya-Komplex in den Regenwäldern des Departments Petén in Nord-Guatemala. Er erstreckt sich über ein Gebiet von 65 Quadratkilometern, wovon der zentrale Bereich etwa 16 Quadratkilometer einnimmt. Nach Schätzungen lebten hier in der Blütezeit der Stadt knapp 50.000 Einwohner. Im Umfeld könnten damals weitere 150.000 Menschen gewohnt haben. Tikal ist sowohl Weltkulturerbe als auch Nationalpark.

Eines der wohl bekanntesten Bauwerke in Tikal ist der 47 Meter hohe »Tempel des großen Jaguars«, offiziell bezeichnet als »Tempel I«. Erbaut wurde die Pyramide um 730 n. Chr. Sie beherbergt eine Grabkammer, in der man die Überreste eines Maya-Herrschers fand. Neben zahlreichen Jade-Objekten und Gefäßen wurden auch Knochen gefunden, in die Zeichnungen und Wörter geritzt waren. Die bekannteste Darstellung zeigt den König in einem Kanu auf dem Weg in die Unterwelt. Der deutsch-österreichische Maya-Forscher und Fotograf Teoberto Maler gab 1895 dem Tempel seinen Namen (Maler war 1865 im Gefolge von Kaiser Maximilian nach Mexiko gekommen und widmete sich ab Mitte der 1870er-Jahre der Erforschung der indigenen Bevölkerung und deren alten Kulturen, auch mit der Kamera. Er starb verarmt und kaum beachtet 1917 in der mexikanischen Stadt Merida). Ab dem Jahr 1955 arbeiteten Archäologen an der Pyramide, die aber erst 1962, zwei Jahre vor Beendigung der Arbeiten, die Grabkammer entdeckten. Die große Steinpyramide ist aus neun Stufen aufgebaut, eine Zahl mit mythischer Bedeutung – sie symbolisiert die neun Stufen der Unterwelt. Auf der Spitze der Pyramide befindet sich ein kleiner Tempel.

Ein weiteres Highlight von Tikal ist »Tempel IV«. Die Pyramide ist mit rund 65 Metern Höhe nicht nur das höchste Gebäude der antiken Stadt, sondern, wenn man Wikipedia glauben darf, auch »die höchste touristisch erschlossene Pyramide in der Maya-Welt und sogar in der neuen Welt«. Eine hölzerne Treppe führt entlang der Pyramide auf die Spitze. Hier sollte man wie bei allen Aufstiegen auf die Tempelruinen unbedingt auf festes Schuhwerk achten, der schräge Boden ist manchmal rutschig. Oben wird man mit einem grandiosen Überblick über den Regenwald belohnt, aus dem sich die anderen Tempel erheben. Das gefiel auch dem US-amerikanischen Filmproduzenten und Regisseur George Lucas. Er baute diese Aussicht von der Spitze der Maya-Pyramiden in den vierten Teil seiner

Star Wars-Saga ein. Im Film heißt es dann, der Mond »Yavin IV« sei übersät von Ruinen antiker Tempel des »alten Sith-Imperiums«.

Unten, am Fuß der Tempel, erstreckt sich der Große Platz, das politische und religiöse Zentrum der Stadt. Hier stehen eine Vielzahl von steinernen Stelen, deren Inschriften die Geschichte des Maya-Volks von Tikal erzählen. Wahrscheinlich basiert auf diesen Texten auch die Darstellung einer historischen Szene, wie sie die Autoren Linda Schele und David Freidel in ihrem Buch *Die unbekannte Welt der Maya* nachvollzogen haben. Danach wogte auf den Plätzen das festliche Treiben der Menschen, es gab Tanzprozessionen, Maskenumzüge und Festbankette, bei denen seltene Speisen und Getränke serviert wurden. Wie in Trance vollzogen Mitglieder der Königsfamilie das Blutritual und tanzten über die steinernen Terrassen. Ihnen folgte die wogende Volksmenge, und es flossen Bäche von Blut über den Boden.

MÄNNERINDIKATOR: Wer *Indiana Jones* gut findet, ist hier am richtigen Platz. Die versunkene Welt eines Urwaldvolkes garantiert einen hohen Abenteuerfaktor

5

DAS GESUNKENE U-BOOT VON KOPENHAGEN

KOPENHAGEN, DÄNEMARK

Wo geht's denn hier zum U-Boot? Der Kopenhagener Stadtteil Holmen ist durchzogen von vielen Wasserwegen und Brücken, hier befindet sich, in Nachbarschaft der alternativen Wohnsiedlung »Christiania«, eine Basis der dänischen Marine. Und da ist sie, die *Saelen*, ein Unterseeboot vom Typ 207, das hier seit gut zwölf Jahren als Museumsschiff am Pier liegt. Niels Mejdal ist ein ehemaliger Admiral der dänischen Marine und Ex-U-Boot-Kapitän, und manchmal führt der 72-Jährige durch das Boot. Der Einstieg für das Publikum wurde extra in die Stahlhülle geschweißt, ansonsten wäre die *Saelen* nur durch eine Luke zugänglich gewesen. Drinnen ist es erst mal eng und eher dunkel. Niels zeigt auf eine geschlossene Öffnung in der Decke. »Da kam das Wasser rein, was dann zum Untergang führte«, erklärt er. Ein paar Minuten später erzählt der Ex-Admiral in der Offiziersmesse die Geschichte des U-Boots: Gebaut 1965 in den Rheinstahl-Nordseewerken in Emden für die norwegische Marine. 1990 wurde das Boot von Norwegen an Dänemark verkauft und sollte von Kopenhagen nach Aarhus geschleppt werden. Dabei drang aber Wasser ein, und das Ding versank. Später hob man das abgesoffene U-Boot wieder an die Oberfläche, und nach längerer Zeit im Trockendock war es wieder

einsatzfähig. 2003 war es noch beim Golfkrieg im Persischen Golf mit dabei, ein Jahr später aber gab Dänemark seine U-Boot-Flotte auf. »Ich fand den Dienst im U-Boot eine schöne Zeit«, sagt der Ex-Admiral. Bewegt man sich durch das Boot, sieht man: Vieles wurde so belassen, wie man es 2004 vorfand. In einer Offizierskabine hängt noch ein Foto von Ehefrau und Kindern an der Wand.

Die *Saelen* ist eines von mehreren U-Boot-Museen, die an der Nord- und Ostsee zu besichtigen sind. Etliche davon, zum Beispiel in Hamburg, Fehmarn und Sassnitz, sind in privater Hand. Was in Kopenhagen noch unkompliziert erscheint – die dänische Marine stellt eines ihrer ehemaligen Boote aus –, wird dann aber spannend: Wo bitte kann man U-Boote kaufen? Und was kostet das?

Das U-Boot-Museum im Hafen Burgstaaken auf der Insel Fehmarn zeigt im Grunde den gleichen Typ wie in Kopenhagen. Das Museum wurde 2005 von dem Unternehmer Eduard Beneken gegründet. Die Fahrt dorthin geht entlang der E 47, die bis nach Puttgarden, dem Fährhafen nach Dänemark, führt. Bevor man am Hafen anlangt, muss man durch Burg, den Hauptort der Insel, zugleich eine touristische Hochburg. Dahingegen geht es am Pier vor *U 11*, einem ehemaligen Boot der Bundesmarine, geradezu einsam zu. Das dort ausgestellte U-Boot vom Typ 205 wurde in den 1960er-Jahren in den Kieler Howaldtswerken gebaut. Mit einer Länge von 43 Metern und einer Besatzung von 24 Mann war das kleine U-Boot zum Beispiel für die norwegischen Küstengewässer ideal geeignet, die norwegische Marine bestellte 15 Stück vom ähnlichen Typ 207. 2005 wurde *U 11* dann zum Museumsboot. Sein Besitzer betreibt auf der Insel mehrere touristische Einrichtungen, darunter ein Hotel. Erworben hat der 67-Jährige das U-Boot direkt von der Bundesmarine, drei Jahre haben die Planungen gedauert, bis das Konzept stand. Gekauft hat Beneken das U-Boot zum Schrottpreis von 400.000 Euro. Rund 30.000 Besucher werden pro Jahr gezählt.

Das U-Boot *Sealen* in Kopenhagen ist nur im Juli zu besichtigen. Adresse von *U 11* auf Fehmarn: Burgstaaken 89, 23769 Fehmarn/OT Burg, Tel.: 04371/889 10 55, Öffnungszeiten in der Hauptsaison (April bis Oktober): täglich 10–18 Uhr.

MÄNNERINDIKATOR: Männlicher als Jürgen Prochnow in *Das Boot* geht es nicht. Feindfahrt kann aber auch schiefgehen. Hoher Technik- und Untergangsfaktor.

6

DIE BUNKER AM OBERSALZBERG

BERCHTESGADEN, DEUTSCHLAND

»Tranche vom iberischen Schwein, bretonischer Steinköhler im Bouillabaisse-Fumet, lauwarmes Rhabarberküchlein« – 102 Euro kostet ein Fünf-Gänge-Menü im Restaurant »Le Ciel«. Der Name ist bewusst gewählt und durchaus Programm, immerhin liegt das »Kempinski Hotel Berchtesgaden« am Obersalzberg auf einer Höhe von gut 1000 Metern. Das im Februar 2005 eröffnete Luxushotel verfügt neben seinen 138 Zimmern auch über eine Präsidentensuite (etwa 1000 Euro pro Nacht) und einen eigenen Hubschrauberlandeplatz. Der Blick aus den Fenstern des Nobelhotels geht nicht nur weit hinaus auf die beeindruckende Bergwelt, sondern auch auf die Wiesen des Obersalzberges, auf dem heute noch die Überreste der Sommerresidenzen von Adolf Hitler und seinem Gefolge zu finden sind.

1933 hatte Hitler hier mit den Geldern aus den Tantiemen für sein Buch *Mein Kampf* ein großes Anwesen, den »Berghof«, erworben. Nach der Machtübernahme der Nationalsozialisten wurde der Obersalzberg nach und nach zu einem repräsentativen Wohnsitz und zugleich zu einem Machtzentrum ausgebaut: Die Anwohner wurden durch Kauf oder Enteignung vertrieben, der »Berghof« umgebaut und mit einem riesigen Panoramafenster versehen, eine SS-Kaserne wurde errichtet und eine große Zahl an Luftschutzbunkern gebaut. NS-Größen wie Martin Bormann und Hermann Göring richteten sich ihre eigenen Sommersitze ein, der Obersalzberg wurde insgesamt zum Sperrgebiet erklärt. Das heute von Touristen gut besuchte »Kehlsteinhaus« hoch oben im Fels, von den Amerikanern nach der Einnahme »Adlerhorst« genannt, wurde Hitler von seiner Partei zu seinem 50. Geburtstag geschenkt.

Am 25. April 1945 bombardierte die Royal Air Force die »Alpenfestung«, abziehende SS-Wachtruppen setzten die Ruinen in Brand. Heute sind vom »Berghof« nur noch einige von Pflanzen überwucherte Fundamente zu sehen, auch die sonstigen Gebäude auf dem Obersalzberg wurden fast alle gründlich zerstört. Schließlich wurden die Reste 1952 von den Amerikanern gesprengt und das Gelände aufgeforstet. Man wollte verhindern, dass der Obersalzberg zu einem Wallfahrtsort für Ewiggestrige wird. Trotzdem werden immer wieder einmal Huldigungen an den »Führer« in Form von Kerzen gefunden.

Nach dem Krieg wurden einige Gebäude auf dem Obersalzberg von den US-Truppen wiederhergestellt und als Erholungszentrum für ihre Soldaten genutzt

1999 zogen die Amerikaner ab, und damit trat die Landesbank Bayern auf den Plan. Denn das Gelände gehört dem Freistaat Bayern, und der musste sich nun Gedanken machen, wie mit dem Erbe der Geschichte umzugehen sei. Verhindert werden sollte auf jeden Fall, dass der Obersalzberg zu einem Wallfahrtsort für Neonazis und andere Freunde rechter Gesinnung werden würde – die Parolen an den Wänden der zugänglichen Bunkerteile deuteten in diese Richtung.

Dokumentation Obersalzberg, Salzbergstraße 41, 83471 Berchtesgaden.

Der Freistaat entschied sich schließlich 1995 für ein sogenanntes »Zwei-Säulen-Modell«. Damit wollte man einerseits der Geschichte des Ortes gerecht werden, andererseits den Tourismus fördern. Als Ergebnis entstand als eine »Säule« die »Dokumentation Obersalzberg«, eine Dauerausstellung des Instituts für Zeitgeschichte über den Obersalzberg unter nationalsozialistischer Diktatur. Die Dokumentation ist in einem Gebäude auf den Grundmauern des ehemaligen Gästehauses untergebracht, 2005 kam ein Erweiterungsbau mit drei Seminarräumen hinzu. Ziel der Ausstellung ist auch, dem alten und neuen Rechtsextremismus entgegenzuwirken.

Die andere »Säule« war der Bau des eingangs erwähnten Luxushotels. Eine heikle Geschichte, ging es doch, wie der damalige Finanzminister Kurt Faltlhauser (CSU) sagte, nicht um »irgendeine Bergwirtschaft«, sondern um »ein extrem sensibles Feld«. So wurde von der bayerischen Staatsregierung ein internationaler Hotelkonzern für das Management bevorzugt und das Hotelpersonal vom Institut für Zeitgeschichte besonders geschult. Die Hotelkette verpflichtete sich, keinen NS-Tourismus zu dulden. Das Hotel und das Dokumentationszentrum, so die Pläne, sollten als Einheit gesehen werden. So liegt im Hotel auch das Begleitbuch zur Ausstellung mit dem Titel »Tödliche Utopie« aus.

Zentrale Anlaufstelle für einen Besuch des Obersalzbergs ist heute das Dokumentationszentrum. Es richtet seinen Blick auf die Täter, die sich am Obersalzberg aufhielten – auf ihr Denken und Tun, auf ihre ideologischen Überzeugungen und Obsessionen. Es konfrontiert den Besucher mit dem Kontrast zwischen einer propagandistischen Idylle des Obersalzbergs – Adolf Hitler mit Schäferhund »Blondie« – und den Taten – Weltkrieg und Massenmord. Der Weg durch die sehr informativ gestaltete Ausstellung führt schließlich hinein in die noch verbliebenen Gebäudeteile aus der Zeit des Nationalsozialismus – in die Bunkeranlagen.

Von der weitläufigen unterirdischen Anlage sind aber nur die Bunker unter dem ehemaligen Gästehaus und dem ehemaligen »Platterhof« für die Öffentlichkeit zugänglich. Während oben an der Oberfläche die Sonne scheint, geht es hier

in ein von wenigen Lampen erhelltes Stollengeflecht, vorbei an geplanten und nicht fertiggestellten Gasschleusen und abzweigenden Schächten – ein eigenartiges Gefühl. Ebenso wie der »Berghof« waren auch die Wohngebäude der NS-Granden mit Schutzräumen versehen und miteinander verbunden. Der Bau dieser Anlage dauerte von Juli 1943 bis April 1945, die Gesamtlänge der Stollen beträgt 6,17 Kilometer und umfasst 107 Kavernen (größere Hohlräume).

Und ganz tief im Fels, noch 100 Meter unter dem Niveau des »Berghof«-Bunkers, sollte ein zweites Bunkersystem entstehen. Es sollte nach dem gewonnenen Krieg gebaut werden, um das »Führerhauptquartier« des »Großgermanischen Reiches« in künftigen Kriegen für alle damals vorstellbaren Waffensysteme, darunter wohl auch Atombomben, unangreifbar machen. Hier sollte auch das Archiv der nationalsozialistischen Bewegung für alle Zeiten sicher aufbewahrt werden. Zwei große, 400 und 1100 Meter lange Arbeitsstollen, die blind im Fels enden, zeugen von diesen Plänen.

Das »Kempinski Hotel Berchtesgaden« steht heute übrigens dort, wo sich im Untergrund der Kommandostollen des Bormann-Bunkers befindet.

MÄNNERINDIKATOR: Der Obersalzberg steht für Schäferhund, BDM-Dirndl und Größenwahn. Hoher Geschichts- und Lernfaktor.

7

DER BERG DER KREUZE

ŠIAULIAI, LITAUEN

Er ist wohl einer der ungewöhnlichsten Orte in Europa: der »Berg der Kreuze« *(Kryžių kalnas)* im nördlichen Litauen, dem größten der drei baltischen Staaten. Rund zehn Kilometer nördlich der Stadt Šiauliai (Schaulen) findet man auf einem neun Meter hohen Hügel ein weltweit einzigartiges Meer von Kreuzen. Zehntausende stehen hier dicht an dicht, die meisten aus Holz, manche aber auch aus Stein oder Metall. Die Kreuze haben alle Größen und Formen, manche sind kunstvoll geschnitzt, andere zusammengeschweißt. Wie Bienenwaben hängen kleine Holzkreuze an größeren Kreuzen, viele sind am Boden aufgestapelt. Fährt der Wind durch dieses Meer an Kreuzen, so ist ein eigenartiges Klappern und Singen zu hören. Vor der Treppe, die den Hügel hinaufführt, wurde 1993 anlässlich des Papstbesuches eine große Christusfigur aufgestellt.

Nur eine kleine Tafel gibt den Weg an, der von der viel befahrenen Fernstraße in Richtung Riga abzweigt und durch grüne Wiesen zu dem Wallfahrtsort führt. Das Nebensträßchen endet auf einem Parkplatz, an dessen Rand einige Verkaufsstände mit Devotionalien aufgebaut sind. Hier können die Besucher kleine Holzkreuze und Kerzen erstehen. Und von hier aus sind es nur wenige Gehminuten, bis der seltsame »Berg der Kreuze« unter dem endlos weiten baltischen Himmel vor einem liegt. Eine Treppe aus Holzbohlen führt die Besucher auf den Berg hinauf, und auf schmalen Pfaden kann man dieses Meer der Kreuze durchschreiten.

Zunächst schweift der Blick angesichts der Fülle an Formen und Größen suchend umher, bis er sich an dem einen oder anderen Detail verfängt und einzelne Kreuze ihre Geschichte erzählen. Ein großes Holzkreuz steht etwa für die Geschichte eines litauischen Emigranten in den USA, der 1996 den Wallfahrtsort besuchte. Andere Kreuze stammen aus dem polnischen Lublin. Eine Gruppe von Steinkreuzen erinnert im postsowjetischen Litauen an die gefallenen antisowjetischen Partisanen 1944 bis 1954. Wieder andere sagen mit der Aufschrift *Ačiū* einfach Danke – vielleicht für die Genesung von einer schweren Krankheit.

Manche der Holzkreuze sind schlicht aus zwei Balken zusammengezimmert, andere weisen Schnitzereien und Verzierungen auf, sind gedrechselt und bemalt. Manche sind über drei Meter groß, andere nur wenige Zentimeter hoch. Hinzu gesellen sich Rosenkränze in allen Farben, Materialien und Längen, die um die Kreuze geschlungen sind oder von diesen herabhängen. Hier und da ragt eine Christus-Figur oder eine Madonnenstatue aus dem Meer von Kreuzen empor.

Der Wallfahrtsort gilt als Stätte des Leidens und Gedenkens, aber auch der Liebe und der Hoffnung. Viele Besucher legen auf dem Hügel die zuvor am Parkplatz gekauften kleinen Holzkreuze nieder oder hängen sie bei anderen Kreuzen ein, dadurch sollen Wünsche in Erfüllung gehen. So wird der Ort auch bei freudigen Anlässen wie einer Hochzeit besucht, oder man stellt ein Kreuz als Dank für einen erfüllten Kinderwunsch auf.

Litauen ist mit 2,8 Millionen Einwohnern der bevölkerungsreichste der drei baltischen Staaten (Lettland: 2 Millionen, Estland: 1,3 Millionen). Hauptstadt ist Vilnius mit seiner sehenswerten restaurierten Altstadt. Nach Kaunas und Klaipėda ist die Industriestadt Šiauliai mit 126.000 Einwohnern die viertgrößte Stadt Litauens. Der »Berg der Kreuze« nahe Šiauliai ist mittlerweile zu einem der meistbesuchten Wallfahrts- und Touristenorte Litauens geworden.

Wie der »Berg der Kreuze« ursprünglich entstand, ist unklar. Eine Legende erzählt von einem Vater, der bei einer Nachtwache am Bett seiner erkrankten Tochter einschlief. Im Traum erschien ihm eine weiße Frau, die ihm befahl, ein Kreuz auf dem Hügel aufzustellen. Der Mann tat, wie ihm geträumt, und als er das Kreuz aufgestellt hatte und wieder nach Hause zurückkam, war die Tochter genesen. Eine andere Legende handelt von einem Fürsten aus Vilnius. Dieser habe vor 300 Jahren einen Prozess gegen einen anderen Fürsten geführt und sei an dem Berg vorbei zum Gericht nach Riga gefahren. Seinen Dienern habe er gesagt: »Wenn ich den Prozess gewinne, werde ich auf dem Berg ein Kreuz aufstellen.« Nach erfolgreichem Ausgang des Prozesses befahl er auf dem Rückweg, auf dem Berg das Kreuz zu errichten, und bald habe sich der Ruf vom Gelübde des Fürsten im ganzen Lande verbreitet.

Historisch gesichert ist, dass der Hügel den Rest einer alten Burg beherbergt, die im 14. Jahrhundert von den Kreuzrittern zerstört wurde. Der Hügel galt seit alters her als ein legendenumwobener Ort und war vermutlich schon früher eine Gebets- und Opferstätte. Schriftlich erwähnt werden die Kreuze erstmals um 1850. Man vermutet, dass sie für die Opfer eines niedergeschlagenen Aufstands gegen den russischen Zaren aufgestellt wurden (1831 und 1863). Traditionell wird in Litauen der Grabpflege großer Wert beigemessen, damit nach dem Volksglauben die Geister der Toten ihre Ruhe finden. Da die Ange-

hörigen der getöteten Aufständischen nicht immer wussten, wo ihre Verwandten verscharrt waren, begannen sie die Kreuze auf dem Hügel zu errichten.

Ende des 19. Jahrhunderts wurden bereits rund 150 Kreuze gezählt, 1940 waren es an die 400. In der Sowjetzeit wurden die Kreuze auch zu einem politischen Symbol: Nach Stalins Tod im Jahre 1953 kehrten die nach Sibirien deportierten Litauer zurück und stellten hier Kreuze für die im Gulag Verstorbenen auf. Viele politische Gefangene und Gläubige taten es ihnen nach. 1961 und 1975 versuchten die örtlichen Funktionäre, den Berg mit Bulldozern plattzuwalzen, und die Holzkreuze wurden verbrannt. Doch es entwickelte sich ein regelrechter »Krieg der Kreuze« zwischen den örtlichen Parteifunktionären und der Bevölkerung, die die Kreuze immer wieder aufs Neue errichteten.

Nach der Unabhängigkeit des Landes besuchte im September 1993 der Papst den nördlichen Wallfahrtsort und hielt eine Messe ab. Ein Jahr später kam ein Geschenk aus Rom an: Ein großes Kreuz mit Christusfigur, das jetzt vor der Treppe zu sehen ist.

MÄNNERINDIKATOR: Merkwürdiger Ort mit seltsamer Atmosphäre, es kommen aber neben Nonnen auch Biker. Hoher Spiritualitäts- und Seltsamkeitsfaktor.

8

DAS GRÖSSTE FLUGBOOT DER WELT

MCMINNVILLE, USA

Geflogen ist sie nur ein einziges Mal, und dann auch nur wenige Minuten: die *Spruce Goose*, die »Gans aus Fichtenholz«, wie das gigantische Wasserflugzeug *Hughes H-4* genannt wird. Das war am 2. November 1947, als der exzentrische Milliardär Howard Hughes sein »Baby«, das einzige Modell des achtmotorigen Transportflugzeugs mit einer Spannweite von 97,5 Meter (zum Vergleich: Der moderne Airbus »A 380« hat eine Spannweite von 79,8 Meter) im Hafen von Long Beach in Kalifornien auf einer Strecke von 1,5 Kilometern zum Fliegen brachte. Danach verschwand das fast gänzlich aus Holz gefertigte Riesenflugzeug für mehr als drei Jahrzehnte in einem Hangar und aus der Öffentlichkeit. Nach einem mehrjährigen öffentlichen Zwischenstopp in Florida ist das bislang größte Wasserflugzeug heute im »Evergreen Aviation & Space Museum« im Städtchen McMinnville im US-Bundesstaat Oregon ganz oben im Nordwesten der USA zu sehen.

»Setz dich doch einfach hin«, sagt Stewart Bailey, der Kurator des Museums. Denn ja, man kann auf jenem Pilotensitz Platz nehmen, von dem aus Howard Hughes seinerzeit für die Reporter völlig überraschend das Flugzeug in die Luft brachte. Das war der Endpunkt einer Entwicklung, die 1942 mit einer Ausschreibung der US Navy für einen Truppentransporter begann. Hughes entwickelte daraufhin das Riesenflugzeug mit einer Länge von 66,7 Metern und einer Höhe von rund 25 Metern.

Wenn man das große Steuerrad in den Händen hält, sind rechts davon die acht Gashebel für die acht Motoren zu sehen. Hinter dem Piloten- und Copiloten-Sitz befindet sich das weitläufige Cockpit der *Spruce Goose* – mit reichlich Platz für die Maschinisten und die Aufzeichnungsgeräte, die anlässlich des Testflugs eingebaut wurden. Nicht zu vergessen die Reihe von Sitzen, die damals extra für die Presse und andere geladene Gäste angebracht worden waren. Am hinteren Ende des weiträumigen Cockpits öffnen sich links und rechts in den Flügeln die Zugänge für die Wartung der Motoren.

Wer so weit kommen will, muss zusätzlich zum normalen Eintrittsgeld einen Sonderobolus von 25 Dollar für den Besuch des Cockpits bezahlen, der für die Instandhaltung des einmaligen Wasserflugzeugs verwendet wird, so Kurator Bailey. Der normale Besucher kann indes neben den gewaltigen Ausmaßen des Wasserflugzeugs auch den Transportraum besichtigen. Die dort gelagerten Wasserbälle sollten verhindern, dass das Flugzeug, wie bei der Bruchlandung eines Prototypen, im Wasser versinkt – damals hatten zwei Mitarbeiter bei dem Versuch ihr Leben verloren.

Aufgrund des Mangels an kriegswichtigen Rohstoffen wurde die *Hughes H-4* fast komplett aus Holz gebaut. Allerdings, so erklärt Bailey und zeigt auf ein Detail bei der Transportluke, ausschließlich aus laminierten Holzteilen, zusammen-

Evergreen Aviation & Space Museum, 500 N.E. Captain Michael King Smith Way, McMinnville, Oregon 97128.

geleimt aus verschiedenen Schichten, ähnlich wie Sperrholzplatten, aus denen schließlich Rumpf und Tragflächen gefertigt wurden.

Die gewaltigen Dimensionen der *Spruce Goose* beherrschen die Halle I des Evergreen-Museums völlig und lassen die anderen Exponate daneben klein erscheinen. Dazu gehören »Klassiker« des Zweiten Weltkriegs wie eine deutsche Messerschmidt »Bf 109 G-10« von 1944, die laut Ausstellungstext von den bulgarischen Luftstreitkräften während des Kriegs benutzt wurde. Das ausgestellte Modell trägt freilich die Kennung des Jagdfliegers Erich Hartmann. Andere Exponate dieser Zeit sind zum Beispiel eine »P-38 Lightning«, die in einer von der Maschine Lt. Gerald Richard Johnsons übernommenen Kennzeichnung ausgestellt wird, der zwei Abschüsse japanischer Maschinen aufweisen konnte. Fairerweise erzählt der Begleittext die reale Geschichte des Flugzeugs: Es wurde im Juli 1945 an die US Army Air Force ausgeliefert und in Texas zum Aufklärungsflugzeug umgerüstet. Andere seltene Ausstellungsstücke sind eine Republic »RC-3 Seabee«, ein Nachkriegs-Kleinseeflugzeug für den Alltagsgebrauch, dessen Konzeption aus den 1940er-Jahren stammt, und ein doppelmotoriger Flieger der US Coast Guard.

Neben dieser Halle I mit Flugzeugen aus der Zeit vor 1945 verfügt das Evergreen-Museum in McMinnville über eine zweite Halle, die einige Flugzeuge aus der Ära nach 1945 beherbergt, darunter die schwarze Ultra-Aufklärungsmaschine Lockheed »SR-71 A Blackbird«. Das ausgestellte Modell war ab 1973 in North Carolina stationiert und absolvierte Aufklärungsflüge über dem Nahen Osten. Daneben zeigt Halle II eine Geschichte der Raumfahrt.

Interessant dabei ist, wie die Amerikaner sich die Kenntnisse und Erfahrungen der deutschen Spitzentechnologie der Nazi-Zeit zu eigen machten. So ist neben den späteren Gemini-Raumkapseln und dem Mondlandegerät auch eine »JB-2 Loon«, eine amerikanische »V1«, ausgestellt. Die »Loon« war ein Nachbau der deutschen »Fieseler Fi 103«, die als unbemannter Marschflugkörper oder Flugbombe von Frankreich aus nach England abgeschossen wurde. US Air Force und

Navy planten ab 1944 den Seriennachbau des Geräts für die Invasion in Japan, was aber durch den Einsatz der Atombomben über Hiroshima und Nagasaki hinfällig wurde. Die Produktion wurde 1950 schließlich eingestellt. Eine andere Reminiszenz an deutsche Weltkriegs-Technologie ist die ausgestellte Redstone-Rakete. Sie ist eine direkte Abwandlung der »Vergeltungswaffe« V2 – jener Rakete, die von Peenemünde aus nach London geschossen wurde. Ihr geistiger technischer Vater, Wernher von Braun, wechselte nach dem Kriegsende seine Dienstherren und entwickelte für die Amerikaner aus der V2 die Redstone-Rakete, die einen Atomsprengkopf über 175 Meilen Entfernung transportieren konnte. Auch sie ist in der Halle II ausgestellt.

Auf dem Gelände rund um die Hallen sind auf der grünen Wiese zudem diverse Militärjets aus den 1960er-Jahren zu sehen sowie ein Wasserflugzeug Consolidated PBY 5A – »Catalina« – aus den 1940er-Jahren, bei dem man sich wie generell bei Flugbooten dieser Art fragt, wo eigentlich der Einstieg ist. Vor dem Eingang zu Halle I findet sich eine lebensgroße Plastik, die den Museumsgründer Captain Michael King Smith darstellt, der bei einem Autounfall ums Leben kam. Er war der Sohn des Millionärs und Gründers der Fluggesellschaft Evergreen International Aviation, die auf der Gehaltsliste des amerikanischen Geheimdienstes CIA stand. So soll die im Museum ausgestellte viermotorige Boeing »B-17« auch an geheimen Operationen beteiligt gewesen sein.

MÄNNERINDIKATOR: Die *Spruce Goose* ist einfach ein Flugzeug der Superlative. Hoher Technikfaktor. Hoher Milliardärs-Bewunderer- oder -Verachtungsfaktor.

9
DIE EVERGLADES

EVERGLADES, USA

»Das Seminolen-Reservat?« Der Mann an der Tankstelle kratzt sich am Hinterkopf, überlegt ein wenig und weist schließlich nach Westen. »Immer geradeaus!« Es dauert eine gute Autostunde, bis man auf der Bundesstraße 75 (die hier *Alligator Alley* heißt) das Stadtgebiet von Miami hinter sich gelassen hat und links und rechts der Straße die Everglades auftauchen. Die Everglades – das ist die Bezeichnung für eine Art gigantische Sumpfwiese, die den größten Teil des südlichen Floridas bedeckt. Gelegentlich ragen aus dem meterhohen Gras sogenannte *Hammocks* heraus, Erdhügel, die sich um die Wurzeln von Bäumen herum gebildet haben. Das Grasland ist die Heimat unzähliger Mücken, einer großen Zahl von Vogelarten sowie von Alligatoren. Jeden Sommer hebt sich der Wasserspiegel der Everglades um mehr als zehn Zentimeter. Mittlerweile durchziehen künstliche Entwässerungskanäle diese weitgehend unzugängliche Landschaft. 80 Kilometer breit und rund 320 Kilometer lang ist dieses riesige Feuchtgebiet und das Wasser selten tiefer als einen Meter.

Und hier liegt das ursprüngliche Gebiet des Indianerstamms der Seminolen. Nach 24 Meilen Autobahnfahrt durch die Sümpfe zweigt rechts die 833 ab, eine Straße, die in die »Big Cypress Seminole Indian Reservation« führt. Es dauert eine weitere halbe Stunde Autofahrt durch eine gottverlassene Gegend, bis man schließlich die Ansiedlung der Indianer findet: eine Tankstelle, eine Feuerwehr, die Polizeistation, mehrere verstreut liegende Wohnhäuser, aber auch Schulen und öffentliche Gebäude.

Touristen kommen vor allem hierher, um das »Billie Swamp Safari«-Camp zu besuchen. »Das Camp wurde eingerichtet, um den Besuchern zu zeigen, wie die Seminolen hier draußen in den Sümpfen lebten«, sagt Cindy, eine der Angestellten

im Camp, die sich um die Besucher kümmern. Sie trägt die braune Uniform der Rangers, und auf ihrer Schulter sitzt ein bunt gefiederter Papagei. Der krächzt ab und zu, und das hört sich dann mit sehr viel Fantasie an wie *Che Hun Ta Mo*, indianisch für »Hallo«. Damit begrüßt auch Glenn seine Kundschaft. Der breitschultrige Mittfünfziger steuert einen der skurrilen *Swamp-Buggies* durch das Unterholz der Sümpfe, ein Gefährt mit vier riesigen Reifen und Platz für ein Dutzend Touristen. Mit dem Mikrofon in der Hand informiert er über das Ökosystem der Everglades und über Krokodile, die hier allenthalben hausen und von denen Glenn sagt: »Die beißen nur, wenn sie müssen.« Ansonsten erzählt er während der Fahrt vom Leben der Seminolen hier in den Sümpfen und von den Heilpflanzen, die die Grundlage der traditionellen Medizin der Indianer darstellen.

Von ferne hört man dabei das beständige Dröhnen der *Airboats* – flacher Boote, die von einem Flugpropeller angetrieben werden und mit denen gleichfalls Touristen über die Wasserwege transportiert werden. »Hüte abnehmen und

Beste Reisezeit für die Everglades ist November bis März. Das Reservat der Seminolen in den Everglades erreicht man von Miami aus auf der schnurgeraden Bundesstraße 75, nach 24 Meilen zweigt rechts die Straße 833 ab, die in die »Big Cypress Seminole Indian Reservation« führt. Adresse der »Billie Swamp Safari«: HC-61, Box 46, Clewiston, Florida 33440, Tel.: 001–863–983–6101, E-Mail: safari@semtribe.com.

Brillen festhalten«, lautet die Anweisung des Piloten, bevor er den Propeller in Gang setzt und am Gashebel zieht. Diese Boote können über das Sumpfgras, das die Everglades bedeckt, einfach hinweggleiten. Es ist ein faszinierendes Erlebnis, unter dem grünen Dach der Mangrovenwälder und der Sumpfzypressen nach bunt schillernden Vögeln Ausschau zu halten. Höhepunkt dieser Tour ist freilich die Fütterung von Alligatoren, für die der tägliche Besuch der Touristen längst einen festen Platz im Speiseplan eingenommen hat. Faul liegen sie mit ihren schwarzen Schuppenpanzern auf den Sandinseln in der Sonne und werden erst lebendig, wenn das Boot auftaucht.

Neben den *Airboat*-Touren und den Ausflügen mit den Super-Buggies bietet das Camp ein Restaurant, ein sogenanntes *Chickee*, wie die traditionellen Hütten der Seminolen genannt werden, in denen am Lagerfeuer Geschichten erzählt werden, sowie diverse Ausstellungen und einen Zoo. In einigen der Hütten kann man auch übernachten, in der Hochsaison – also von November bis März – ist eine Reservierung von Vorteil. Wer sich für die Geschichte des Indianerstamms interessiert, sollte unbedingt das »Ah-Tah-Thi-Ki-Museum«, drei Kilometer vom Camp entfernt, besuchen. Die Seminolen rühmen sich, niemals von den Weißen besiegt worden zu sein, und das Museum zeigt mit einer sehr interessanten Multimedia-Schau die frühere Lebensweise in den Sümpfen und die Kriege mit der amerikanischen Armee.

Die Fahrt ins Reservat der Seminolen ist auch deshalb interessant, weil der Indianerstamm eine eigene Nation bildet, also praktisch einen eigenen Staat im Staate Florida darstellt. Die Gründung des Seminolen-Reservats bei Big Cypress geht auf das Jahr 1936 zurück. Es dauerte allerdings noch 21 Jahre, bis sich der Indianerstamm als nationale Einheit mit eigener Verfassung und gewählter Regierung etablierte: 1957 wurde der *Seminole Tribe* als indianische Nation offiziell

vom US-Kongress anerkannt. Seitdem haben die Seminolen eine eigene Polizei, eine eigene Regierung und zahlen keine Steuern. Die Bundespolizei FBI darf die Reservation nur für Ermittlungen zu schweren Verbrechen betreten.

Reich geworden ist der vormals sehr arme Indianerstamm durch das Glücksspiel. Im Norden von Miami, in der Stadt Hollywood, steht das Hauptquartier der Seminolen, und im nahen »Hard-Rock-Casino« rollt der Rubel in Form von Automatenglücksspiel und Poker. Wer will, kann sich im dazugehörigen Nobelhotel einquartieren, muss dafür allerdings tief in die Tasche greifen.

MÄNNERINDIKATOR: Ein Ort mit spezieller Mischung: echte Indianer, Spielsucht und Alligatoren. Hoher Sumpf-Erkundungs-Faktor.

10
DER GEHEIMNISVOLLE FLUGHAFEN NARSARSUAQ

NARSARSUAQ, GRÖNLAND

Was ist das für ein Land, in dem es nur eine einzige Ampel und Wörter wie *suleqatigiinnerusariaqarput* gibt? Nun, es handelt sich um Grönland, die größte Insel der Welt, selbstverwalteter Teil des dänischen Königreichs, großflächig mit ewigem Eis bedeckt und ziemlich abseits der großen Nachrichtenströme dieser Welt gelegen. Die Ampel steht in Nuuk, der Hauptstadt der Insel, in der 17.000 von etwa 55.000 Einwohnern leben. Das grönländische Wort *suleqatigiinnerusariaqarput* habe ich einmal auf Seite 9 einer Ausgabe der grönländischen Tageszeitung *Sermitsiak* gefunden – und was es bedeutet, wissen nur die Grönländer.

In der Erde steckt ein Wegweiser, und die Pfeile zeigen die Entfernung an: Nach Moskau sind es 5 Stunden und 20 Minuten Flugzeit, nach Los Angeles eine gute Stunde mehr. Der Nordpol ist nah und in drei Stunden zu schaffen. Von wo aus? Von Kangerlussuaq aus, dem Flughafen in Grönland, an dem 90 Prozent aller Reisenden ankommen. Wie alle Flughäfen in Grönland war dieser früher im Betrieb der amerikanischen Luftwaffe und wird seit 1992 zivil genutzt. Es ist ein moderner Flughafen, mit Hotel und Schnellrestaurant. Und sehr belebt – immerhin arbeiten und leben in Kangerlussuaq mehr als 400 Menschen!

Nein, Kangerlussuaq ist eher ein moderner Ort und nicht so seltsam wie Narsarsuaq. Das ist der zweitgrößte Flughafen des Landes, im Süden. Narsarsuaq, das ist eigentlich nur eine Rollbahn mit einigen Holzhütten drumherum, ein Hotel, eine Jugendherberge, die Ankunftsbaracke des Flughafens. Es ist frisch hier, auf mehr als zehn Grad klettert das Thermometer auch im Sommer nicht. Die Rollbahn endet fast am Fjord, der von kahlen Hügeln umgeben ist – hier wachsen nur Flechten und Moose, die in der kargen Umgebung überleben können. Unten am Hafen dann ein besonderes Erlebnis: Nur wenige Meter entfernt dümpelt ein riesiger Eisklotz im eisigen Wasser und schimmert bläulich vor sich hin – das ist Grönland.

Das Ende der Welt, so ist der erste Eindruck. Es nieselt jetzt, und aus dem Kamin einer der Baracken steigt Rauch. Dort sind das örtliche Café und ein kleines Museum untergebracht. Das zeigt durchlöcherte Benzintanks, ein kleines Flakgeschütz, einen alten Militärschreibtisch und viele Fotos mit Mannschaften, die vor ihren Bombern posieren. Auch Narsarsuaq wurde von den Amerikanern gegründet, die 1941 hier eine Airbase errichteten – ein wichtiger Stützpunkt während des Zweiten Weltkriegs, 4000 Soldaten waren damals hier stationiert. Seltsam ist an diesem Ort auch der Blick einige hundert Meter nordöstlich in Richtung Gletscher. Dort ragt einsam ein gemauerter Kamin in die Höhe, ringsum sind noch die Grundmauern eines ehemaligen Militärkrankenhauses zu sehen. Mit einer Kapazität von 1000 Betten war es viel zu groß für den Stützpunkt, und

Grönland, bekannt für die Unberührtheit der Natur und seine reichlichen Fischvorkommen, ist beileibe kein billiges Urlaubsziel. Schon die Flugreise über Kopenhagen kann mit 1500 Euro zu Buche schlagen. Die Lebenshaltungskosten sind gegenüber dem auch schon nicht billigen Dänemark – ein Bier kann dort in der Gaststätte durchaus mal 6 Euro kosten – noch ein wenig höher. Wer sich nicht in den höherpreisigen Hotels einquartieren will, kann in den preiswerteren Seemannsheimen unterkommen, die sich in allen größeren Ansiedlungen finden (Einzelzimmer ab 53 Euro).

so ranken sich wilde Gerüchte um dieses Hospital: Die Schwerverwundeten des Koreakriegs seien in den 1950er-Jahren hier behandelt worden, da man sie mit ihrem Aussehen der Heimat nicht habe zumuten wollen.

Neben diesen eher düsteren Überresten der Vergangenheit aber lockt im Sommer die Umgebung die Touristen nach Narsarsuaq. Der Ort ist idealer Ausgangspunkt für Tagestouren oder gar mehrtägige Trekkingwanderungen, das »ewige Eis« ist nur rund acht Kilometer entfernt.

Von hier aus gehen auch die Schiffe der Umiaq-Linie ab. Diese Linienschiffe, die Kabinen und Platz für bis zu 150 Passagiere bieten, sind das wichtigste Verkehrsmittel auf Grönland, sie verbinden die kleinen Städte und die Orte auf den Inseln miteinander und transportieren Menschen, Post und Güter. Straßenverbindungen gibt es keine auf Grönland, neben dem Schiff bleibt nur das Flugzeug oder der Hundeschlitten als Transportmittel.

Zwei Tage dauert die Fahrt entlang der Westküste, vorbei an treibenden Eisbergen mit bizarren Formen, vorbei an winzigen Orten mit kleinen, bunten Holzhäusern und flatternder Wäsche auf den Leinen. Schließlich erreicht das Schiff die 3000 Einwohner zählende Stadt Maniitsoq, auf einer hügeligen Halbinsel gelegen. Die rot, gelb oder blau angestrichenen Häuschen sind auf mehrere Inseln verteilt, die durch Brücken miteinander verbunden sind. Deshalb nennt man Maniitsoq auch das »Venedig Grönlands«, was wohl doch ziemlich an den Haaren herbeigezogen ist. Mit den meisten Menschen, die hier mit dem Tourismus zu tun haben, kann man sich übrigens auf Englisch verständigen. Grönland ist für die Dänen sozusagen der Wilde Westen, das abenteuerliche Hinterland. Wenn der Däne genug hat vom flachen Land und dem Stress in den Großstädten, dann zieht er hierher und sucht das Abenteuer.

Von Kangerlussuaq aus kann man sich noch einem seltsamen Ort nähern: 35 Kilometer lang zieht sich eine Straße hinaus in die Wildnis, vorbei an scheuen Schneehasen und bulligen Moschusochsen. Wer hier entlangfährt, muss zunächst einige Straßensperren überwinden und steht schließlich doch vor einem unüberwindbaren Hindernis: Mächtig türmt sich das ewige Inlandeis von Grönland auf, ein gigantischer Gletscher, der mit bis zu drei Kilometer Dicke das Land bedeckt. Und in diese weiße Wüste hinein führt eine Art Eispiste und verliert sich in der Ferne – 125 Kilometer lang. Das Geheimnis, das sich dahinter verbirgt? – Ein Testgelände von VW! Der Autobauer hat die Region um Kangerlussuaq für sein Vorhaben ausgewählt, weil der hier ansässige zweite internationale Flughafen von Grönland mit dem ehemaligen amerikanischen Luftwaffenstützpunkt über eine genügend lange Landebahn verfügt. Denn mit Großfrachtflugzeugen bringt der deutsche Autobauer seine Prototypen hierher, um sie dann auf mächtige Trucks zu verladen und ins ewige Eis zu transportieren.

Das Testgelände selbst erstreckt sich über ein Areal von 50 Kilometern Durchmesser, ein Hotel mit Cafeteria dient der Unterbringung von rund 40 Mitarbeitern, eine 900-Quadratmeter-Werkstatt steht für die Wartung der Erlkönige zur Verfügung. Besichtigen kann man das Testgelände übrigens nicht, man darf lediglich auf der Zufahrtstraße ein wenig herumstapfen.

MÄNNERINDIKATOR: Überlebenstraining für harte Sportlertypen. Trekking nur mit Dörrfisch. Hoher Seltsam- und hoher Kältefaktor.

11

IN RICHTUNG SIGIRIYA-FELSEN

SIGIRIYA, SRI LANKA

Ganz blau mit wenigen Wölkchen spannt sich der weite Himmel über die Asphaltstraße. Links trabt gerade träge eine Schar schwarzer Wasserbüffel aus einem mit Seerosen bedeckten Tümpel. Rechter Hand haben sich vor Kurzem einige Elefanten überholen lassen. Und vor uns liegt ein fruchtbares grünes Tal. Der Verkehr in dieser Gegend ist dünn, und das Fahren macht Spaß, über lange Strecken gehört uns die Straße allein. Dann taucht in der Ferne ein merkwürdiges Steingebilde auf – es ist eine der riesigen Pagoden im sogenannten »kulturellen Dreieck« der Insel Sri Lanka.

Gut 9000 Kilometer von zu Hause entfernt kann man in exotischer Landschaft mit dem Motorrad unterwegs sein und in der Luft den Duft von Gewürzen wie Kardamom und Koriander erschnuppern. Aber wer auf Sri Lanka Motorrad fahren will, der sollte die Küstenstraßen meiden wie der Teufel das Weihwasser und sich alsbald in die Hochlandregionen im Inneren der Insel begeben – in dieser ländlichen Gegend ist der Verkehr ohne extremes Risiko zu bewältigen.

Wir haben dies getan, indem wir uns einige Kilometer südlich von Colombo zwar nicht in die Büsche, aber in Richtung Berge geschlagen haben. An den

Linksverkehr gewöhnt man sich relativ schnell, doch defensives Fahren ist ratsam. So gelangen wir schließlich nach Ratnapura. Es ist die »Stadt der Edelsteine«, so der Name auf Deutsch, denn schon seit alten Zeiten wird hier, am südwestlichen Rande des Berglands, nach Rubinen, Saphiren, Katzenaugen und Topasen geschürft. Hier herrscht noch immer eine Art Goldgräberstimmung, viele Händler und Kaufleute sind wohlhabend geworden. Für die Minenarbeiter bedeutet dies allerdings harte Arbeit: Aus zehn Metern Tiefe holen sie in Körben die Erde empor, und einmal im Monat waschen sie den Schlamm mit Sieben in hüfttiefen Wasserlöchern. Zurück bleiben viele kleine Steine, und manchmal eben auch ein ungeschliffener Edelstein.

Von Ratnapura aus schlängelt sich die Straße in zahllosen Serpentinen das Hochland hinauf. Die Kautschukplantagen des Tieflands gehen langsam über in die terrassierten Gemüsefelder, und man lässt nach und nach spürbar die Schwüle der Küstenregion hinter sich. Uns empfängt der Duft von Pinienwäldern.

Nach etlichen Stunden Kurvenfahrt gelangt man schließlich in die Höhenregion von Nuwara Eliya, auch kurz »Nurelia« genannt. Auf 1890 Meter Höhe atmen wir reine Bergluft. Während die Einheimischen frieren und mit Wollmützen auf dem Kopf unterwegs sind, freut sich der Europäer über ein vernünftiges Klima – kein Wunder, dass sich hier die ehemaligen Kolonialherren ein Sommerdomizil errichteten. In dem Städtchen mit dem Backstein-Postgebäude und den schmucken Holzhäusern ist noch viel vom englischen Flair zu spüren. Etwa im noblen und ehrwürdigem »Hill Club«. Das Ambiente hat sich seit den 1940er-Jahren kaum verändert, betritt man den Billardsalon oder die früher nur Männern vorbehaltene »Men's Bar«. Und im weitläufigen Restaurant, so hat das *Club Committee*

Sigiriya ist Weltkulturerbe, liegt inmitten der Insel Sri Lanka in der Zentralprovinz und ist die wichtigste Touristenattraktion des Landes. Deshalb ist es am besten, frühmorgens, bevor die Busse erscheinen, aufzusteigen, um die Stille genießen zu können. Die nächste größere Stadt, Anuradhapura, liegt rund 80 Kilometer nördlich.

vor wenigen Jahren beschlossen, herrscht ab 19 Uhr wieder Ordnung – Kleiderordnung. Hat der Motorradfahrer aber Krawatte und Jackett zu Hause »vergessen«, kann er sich beides im Club ausleihen. »Please, follow me«, sagt dann Mister Paul, der Club-Manager, und führt in einen Nebenraum mit den Jacketts zum Ausleihen.

Nurelia aber war nicht nur das Zentrum der nach Kühle hechelnden Engländer, sondern ist zudem Mittelpunkt des Tee-Anbaus. Auch er geht auf die Briten zurück: 1849 wurde von einem Schotten die erste Tee-Plantage auf Sri Lanka angelegt. Heute überzieht das grüne Gewächs die Hügel und Terrassen der Hochlandregion, und die jungen Triebe werden in Handarbeit von Frauen und Mädchen gepflückt. Wer ein oder zwei Übernachtungen in der »Tea-Factory« gebucht hat, befindet sich an einem geeigneten Ort, um sich um fünf Uhr nachmittags eine Tasse Ceylon-Tee mit Milch schmecken zu lassen: Diese Fabrik aus den 1940er-Jahren liegt auf einer Höhe von rund 2000 Metern und beherbergt noch immer die alten Maschinen, um die herum ein modernes und architektonisch sehr ansprechendes Hotel eingerichtet wurde. Die Zimmer sind übrigens mit Heizung versehen.

Von Nurelia aus lässt sich in einer Fahrt von gut 50 Kilometern das Naturschutzgebiet von »Land's End« erreichen. Hierbei handelt es sich um eine Hochebene mit geschützter Fauna und Flora, die schließlich in einem Felsenabbruch endet. Von hier aus geht der Blick weit über die darunter liegende Tiefebene – aber nur, wenn kein Nebel herrscht. Deshalb sollte man am frühen Vormittag auftauchen, später ist der Aussichtspunkt oft von Wolken eingehüllt.

Wir aber touren weiter, durch Tee-Plantagen und an Wasserfällen vorbei Richtung Kandy. Das Klima ist angenehm und am Straßenrand verkaufen Bauern an selbst gezimmerten Ständen ihr Gemüse: Karotten, Salat und auch Rettich. Allmählich schlängelt sich die Straße von der Hochebene wieder hinab in tiefere Gefilde, noch säumen Kiefern und Pinien unseren Weg. Nach etlichen Kilome-

tern Fahrt, geht es hinein nach Kandy und man spürt wieder das wärmere Klima.

Am nächsten Tag geht es zum kulturellen Höhepunkt der Insel: die Festung Sigiriya auf einem 185 Meter hohen Felsen über die Tiefebene. Im fünften Jahrhundert diente diese Anlage einem Königssohn und Vatermörder als Zuflucht. Man nähert sich dem Felsen vom Parkplatz her durch eine Art Lustgarten, um dann über zahllose Stufen in die Höhe zu steigen. Über schwindelerregende, aber gesicherte eiserne Wendeltreppen gelangt man zu den berühmten barbusigen »Wolkenmädchen«, die auf die Felswand aufgetragen sind. Schließlich passiert man das »Löwentor« und kommt zur letzten Etappe. Oben wird man mit einer grandiosen Aussicht über die Reisfelder, die vor langen Zeiten künstlich angelegten Seen und den Dschungel belohnt.

Hier herrscht eine friedvolle und ruhige Atmosphäre, man kann sich den Wind um die Nase wehen lassen und über den Zeugnissen einer fernen, versunkenen Kultur meditieren. Oder auch nur dösen. Es ist ein Ort voller Spiritualität, an dem sich der Alltag zu verflüchtigen scheint. Es fühlt sich an, als würde man eins mit dem Himmel und dem Felsen. Und es scheint, als würde man sich hier in eine eigene Mitte versenken können, wobei sich eine eigenartige Vergessenheit breitmacht und letztlich nur noch der Moment existiert: das eigene Atmen, das Licht, der taumelnd vorbeiflatternde Schmetterling.

MÄNNERINDIKATOR: Ein Ort, an dem Mann zu sich selbst kommen kann. Hoher Meditations- und Spiritualitätsfaktor inklusive Exotik pur.

12

DAS GRAB VON JACK KEROUAC

LOWELL, USA

Auf dem im Boden eingelassenen Grabstein steht eine leere Bierflasche, daneben liegen einige Cent-Münzen und eine Zigarette. Vom Titelblatt einer durchnässten Broschüre blickt uns das Konterfei von Allen Ginsberg an, neben einem kleinen, dafür aber vollen »Seven Crown«-Whiskeyfläschchen. Auch ein Parkschein liegt auf dem Granit. Unter all den Gaben der Verehrer sind die Lebensdaten Jack Kerouacs schwierig zu lesen: Geboren am 12. März 1922 in Lowell/Massachusetts. Gestorben am 21. Oktober 1969 in Florida. Es hat wieder begonnen zu regnen. »Sollen wir ein Bier trinken gehen?«, fragt Roger.

Lowell/Massachusetts: Rund 107.000 Einwohner, eine Arbeitslosenquote von acht Prozent. Im 19. Jahrhundert war Lowell eine der größten Industriestädte der USA. Das Wasser des Merrimack-Flusses wurde in zahlreichen Kanälen durch die Stadt geleitet, um die Maschinen in den großen Textilfabriken anzutreiben. Auf vier Stockwerken produzierten unzählige Webstühle einen infernalischen Lärm und den Reichtum für die Fabrikbesitzer und Kaufleute im 30 Kilometer entfernten Boston. Ab den 1970er-Jahren wurden hier die Wang-Computer gefertigt. Heute lebt die ehemalige Arbeiterstadt unter anderem von der örtlichen Universität.

Manche kommen hierher wegen der Uni, andere aber wegen Jack. Jack Kerouac, dem Schriftsteller und Autor von *On the Road*. Wer das 1957 erschienene Buch aufschlägt, begibt sich in die Gefahr, an jenes Gefühl der Jugend erinnert zu werden, dessen absolute Verdichtung Kerouacs Roman zu verkörpern schien: Freiheit, Sex, Rausch. Auf Deutsch *(Unterwegs)* 1959 veröffentlicht, wurde es zum Kultbuch der 68er-Generation. Es handelt von der *Beat Generation* der Nachkriegsjahre, ihrem Aufbegehren gegen die Konventionen, von Autofahrten von der Ost- bis an die Westküste der USA, von Beziehungen und sexuellen Abenteuern, von Alkohol, Drogen und Jazz, vom Schreiben. Kurzum: vom Leben jenseits des als grau empfundenen Alltags zwischen der Neubausiedlung am Stadtrand und der nächsten Schulaufgabe. *On the Road*, das war Amerika und alles.

Roger Brunelle wartet in dem kleinen Park unweit der Paige Street. 1988 hat die Stadt ihrem Sohn hier ein Denkmal gesetzt, große graue Steinquader, auf denen Texte aus seinen Büchern eingraviert sind. Zum Beispiel der Beginn von *On the Road*: »Nicht lange, nachdem meine Frau und ich uns getrennt hatten, traf ich Dean zum erstenmal. Ich hatte gerade eine schwere Krankheit überstanden, die ich nicht weiter erwähnen will, höchstens daß sie etwas mit der scheußlich deprimierenden Trennung zu tun hatte und mit meinem Gefühl, alles sei tot.«

Der Roman steht in krassem Kontrast zu dem, was man über das Ende von Jack Kerouac im Alter von 47 Jahren lesen kann. Dass er mit einer Magenblutung in die Notfallstation eingeliefert wurde und dort starb (die »klassische Todesart des Trinkers«, wird sein Biograf Gerald Nicosia schreiben). Dass er sich zu Tode soff, schon vormittags vor dem Fernseher Alkohol trank, bei seiner Mutter lebte, den Vietnam-Krieg in Ordnung fand, Juden hasste. Zuletzt war er für die Nachbarschaft der besoffene Schriftsteller mit Übergewicht. Wer das weiß, dessen Erinnerung an *On the Road*, dieses Manifest der Jugend, wird von einem dunklen Schatten überzogen. Über die Leichtigkeit der literarischen Bilder für das damalige Leben legt sich eine Schwere, eine unerbittlich ernüchternde Bilanz, ein leises Grauen über den möglichen Gang der Dinge.

»Tja, warum hat er so viel gesoffen«, sagt Roger. Roger ist ehemaliger Latein- und Französischlehrer und macht in Lowell Führungen auf den Spuren von

In Lowell kümmert sich seit 1985 die »Lowell Celebrates Kerouac! Inc.«, eine Non-Profit-Organisation, um das Andenken an Jack Kerouac und veranstaltet literarische Festivals.

Kerouac. Wir sind in seinem Auto unterwegs durch die Stadt, weil es aber regnet, sind die Scheiben beschlagen, und man wundert sich, wie Roger mit seinen 78 Jahren noch was auf der Straße erkennen kann. »Natürlich wegen dieser verdammten Frage: Warum ...?«, Roger regt sich jetzt ein bisschen auf und wird lauter, »warum sind wir hier auf diesem verdammten Planeten, und warum ist das Leben so verdammt kurz?« Wir haben den Merrimack River überquert und fahren an Kerouacs alter Schule im französischen Viertel Centralville vorbei. Roger ist wie Kerouac französischsprachig aufgewachsen. Dessen Eltern kamen aus dem kanadischen Quebec.

Auf dem Weg zurück in die Innenstadt will mir Roger die Bibliothek zeigen, in der Kerouac seine Zeit verbrachte, wenn er die Schule schwänzte, was oft geschah. An diesem Ort holte sich Kerouac die literarischen Grundlagen für sein späteres Leben als Schriftsteller, nachdem er – damals sogar ein lokaler Football-Star – Lowell verlassen hatte. Es folgten das Leben in Wohngemeinschaften in New York, die Autofahrten durch das Land, das rauschhafte Schreiben des Manuskripts von *On the Road*, das erst nach Jahren veröffentlich wurde, Kerouacs »Entdeckung« als Vertreter der Beat-Generation neben Allen Ginsberg, die Verrisse seiner späteren Bücher, das Scheitern seiner Beziehungen und das Leben an der Seite seiner Mutter – und der endlose Alkoholkonsum. Seine Bücher, von *The Town and the City* (1950) über *The Dharma Bums* (1958) bis hin zu *Desolation Angels* (1965). An einem der Arbeitstische in der Bibliothek treffen wir auf Jim, einen Freund von Roger, er hat mit Süchtigen gearbeitet: »Manche wissen genau, wohin es führen wird«, sagt er, »und ziehen trotzdem das Trinken vor.«

Neben dem Grab von Kerouac auf dem Edson-Friedhof steckt eine kleine amerikanische Flagge im Gras. Wir sitzen wieder im Auto mit der beschlagenen Frontscheibe. »Lies doch mal diese eine Stelle auf Deutsch vor«, sagt Roger.

»Ab und zu stand einer auf und ging einen Passanten um ein 10-Cent-Stück an. Sie sprachen von der Ernte, die mit der Jahreszeit nordwärts rücke, es war warm

und mild. Ich wollte mich aufmachen und Rita wiederholen und ihr viel mehr sagen und sie diesmal wirklich liebhaben und ihre Befürchtungen über Männer beschwichtigen. Jungen und Mädchen in Amerika haben so traurige Erlebnisse zusammen. Ihre angebliche Weltklugheit verlangt es, dass sie sich sofort dem Geschlechtlichen unterwerfen, ohne entsprechende vorbereitende Unterhaltung. Nicht Geflirte, wirkliche Unterhaltung über Seelen, denn das Leben ist heilig und jeder Augenblick kostbar.«

»Oh mein Gott«, sagt Roger, während die Regentropfen auf das Blechdach des Autos trommeln, ›denn das Leben ist heilig und jeder Augenblick kostbar‹ – das ist für mich der wichtigste Satz von Kerouac.«

MÄNNERINDIKATOR: Kerouacs Buch war geradezu die Verkörperung eines Männlichkeitsideals der 1960er-Jahre, auch wenn sein eigener Lebensweg dann später konträr dazu verlief. Hoher Alkohol- und Lebenserfahrungsindikator.

13

DER »PALAST DES VOLKES«

BUKAREST, RUMÄNIEN

Der Sonntag liegt über der Stadt. Selbst das kleine Feldlager der Kämpfer gegen die Korruption, die gegenüber dem Bukarester Rathaus ihr Zelt aufgebaut haben, ist heute leer, die Leute sind offenbar daheimgeblieben. Drüben, im Sectorul 1 in der Strada Constantin Mille Nr. 13, hoppeln kleine schwarze Kaninchen durch den Hof. Hier war fast 100 Jahre lang das »Capitol«, das erste Freiluftkino Rumäniens. Heute nutzen ein paar Studenten den verfallenen Zuschauerraum unter freiem Himmel für alternative Kultur und zeigen alte Filme. Ringsherum erstrecken sich die Häuser Bukarests im Stil der Neuen Sachlichkeit aus den 1920er-Jahren in die Höhe, grau geworden im Laufe der Zeit, manche wie in einer verwunschenen Stadt von Efeu überwachsen.

Es ist Sonntag, und weit draußen in einem Außenbezirk liegt der Cimitirul Ghencea, vor dem Friedhofseingang bieten Frauen auf hölzernen Verkaufsständen ihren Grabschmuck an. Wer hierher in dieses Viertel will, der fährt vorbei an Boulevards mit großflächigen grellbunten Reklametafeln, vorbei an den Arbeitervierteln mit ihren langen Wohnblocks und vorbei an den stillgelegten Fabriken, in denen diese Arbeiter einst beschäftigt waren. Tritt man durch das Friedhofstor, so liegt ER nicht weit davon entfernt. Zwischen dem Grab

der Familie Dumitru und der Familie Popescu haben sie damals, 1989, quer zu den anderen Gräbern, eilig ein Loch gegraben und ihn dort bestattet. Heute umgibt eine kleine metallene Einfassung den Grabhügel und auf dem Kreuz ist ein fünfzackiger roter Stern aufgemalt: »Ceaușescu Nicolae 1918–1989« ist darunter zu lesen. Hier ist der einstige kommunistische Staatschef – der »große Führer« – begraben.

Szenenwechsel, der Platz der Revolution im Zentrum Bukarests. Hier steht der neoklassizistische ehemalige Königspalast, in dem einst die Kommunistische Partei residierte. Vom Balkon dieses Gebäudes aus versuchte Ceausescu am 21. Dezember 1989 mit einer Rede an die Menschenmassen auf dem Platz den Prozess der politischen Wende, der damals den Ostblock erfasst hatte, abzuwenden. Das Fernsehen übertrug die Ansprache und übertrug auch das Bild eines erstaunten Diktators, der – bisher nur das Ritual eines jubelnden Volkes gewöhnt – sich plötzlich Aufruhr gegenübersah. »Ruhe!«, rief der Diktator irritiert, und nochmals »Ruhe!«. Doch es war zu spät. Die rumänische Revolution oder der Staatsstreich oder was immer es war, nahm seinen Lauf.

Über 25 Jahre nach dem Sturz des Kommunismus ist in Bukarest die Erinnerung an Ceausescu getilgt, es gibt keinen Handel mit Dingen und Symbolen aus dieser

Adresse: Strada Izvor 2–4, București, Rumänien. Auf der offiziellen Webseite findet man auf Englisch Informationen zu dem Gebäude, darunter die aktuellen Öffnungszeiten und Eintrittspreise.

Zeit wie etwa in Berlin, Ostalgia ist nicht angesagt in Rumänien. Doch ein Erbe aus der Zeit des *Conducătors* wird den Bukarestern wohl für immer erhalten bleiben: die ehemalige »Straße des Sieges des Sozialismus« und der monumentale ehemalige »Palast des Volkes«. Die Straße wurde natürlich längst umbenannt in »Straße der Einheit«. Sie zieht sich 3,2 Kilometer durch die ehemalige Altstadt, die für das Prestigeobjekt geopfert wurde. Wo einst Parteigenossen wohnen sollten, sind heute Firmen eingezogen, und in jedem Aufgang sitzt ein Hausmeister. Wie Gosbuc Preda. Der 66-Jährige war früher Schweißer bei den Stadtwerken, seit acht Jahren wacht er nun hier in der Hausnummer 6 über die Sicherheit von Firmen mit Namen wie »Global Financial Group« oder eine private Augenklinik. Wenn Preda von seinem Stuhl aufsteht und ein paar Schritte hinaus auf den breiten Boulevard tritt, fällt sein Blick auf das gigantische Gebäude des heutigen Parlamentspalastes. Dieses nach dem Pentagon zweitgrößte Gebäude der Welt ließ Ceaușescu gegen Ende der 1980er-Jahre von Bausoldaten errichten, während es den Rumänen an Gas, Strom und Lebensmitteln mangelte. Ein neoklassizistischer Bau, voll mit Hallen und Sälen, ein Stein gewordener Größenwahn. Der Bau beschäftigte Hunderte Architekten und 20.000 Bauarbeiter, auf der Grundfläche von 65.000 Quadratmetern finden sich mehr als 5000 Räume, darunter Hallen mit einer Größe von 2000 Quadratmetern. Die Länge des Baus beträgt 275 Meter, die Breite 235 Meter. Hier sollen eine Million Kubikmeter Marmor aus Siebenbürgen verbaut sein. Sämtliche Materialien sollten aus Rumänien stammen, so auch die 200.000 Quadratmeter an Samt- und Brokatvorhängen, die in den Klöstern gewebt wurden. Dafür fehlt es an Toiletten und Aufzügen, was die heutige Nutzung als Messeplatz nicht einfacher macht. Ursprünglich

wollte man das Gebäude nach 1990 sprengen, doch dann sind das Parlament und auch der Senat eingezogen. Mittlerweile ist das Gebäude längst zur größten Touristenattraktion von Bukarest geworden, und für Touristen werden Führungen veranstaltet.

Diese beginnen mit einem Sicherheitscheck, und wer fotografieren will, muss dafür extra zahlen. Dann geht die Tour über breite Treppen, durch lange Flure, quer durch Säle und Konferenzhallen. Höhepunkt ist der Blick von der großen Balustrade hinunter auf die Neubaustraße, die einst den »Sieg des Sozialismus« im Namen führte. Man staunt dabei über den rückwärtsgewandten Prunk dieser Säle; darüber, dass Ceausescu bei diesen Führungen kaum erwähnt wird, und darüber, wie sich die autoritären Strukturen kaum verändert haben. Der Text, den die junge Fremdenführerin vorträgt, wird seit Jahren jeden Tag in der gleichen Art und Weise wiederholt. Man kann fotografieren, zuhören und mitschreiben, nur mit einem Mikrofon aufnehmen darf man diesen ewiggleichen Standardtext nicht. »Schalten Sie das sofort aus, schalten Sie das sofort aus«, kreischt die Fremdenführerin und kommt bedrohlich fuchtelnd auf den Reporter zu. Irgendwie scheint sich in dem Palast der Geist der alten Zeit erhalten zu haben.

Mit diesem gigantischen Baudenkmal, in dem alles auf Prunk und Repräsentation ausgerichtet ist, wollte der Erbauer einst Eindruck schinden, so viel ist klar. Der klassizistische Baustil ist freilich historisch eher rückwärts gerichtet. Es ist wohl das Einzige, was von Ceausescu – einem, was die Statur betraf, kleinen Mann – bleiben wird. Heute können einige der vielen Räume übrigens für Feiern oder Kongresse angemietet werden.

MÄNNERINDIKATOR: Ein Gebäude, das sowohl die Macht wie auch den Größenwahn eines politischen Führers verkörpert und zugleich als Symbol für eine untergegangene Epoche steht. Hoher Geschichts- und Architekturfaktor.

14

DAS DORF DER AUFMÜPFIGEN

SARDINIEN, ITALIEN

Rund 160.000 Genossenschaften soll es in Italien geben, und knapp ein Fünftel davon werden auf Sardinien und Sizilien gezählt – Regionen, die unter hoher Arbeitslosigkeit und schwacher Wirtschaftskraft leiden. Zu finden sind sie etwa im sardischen Städtchen Oliena im Bergmassiv des Supramonte. Hier, auf rund 800 Metern Höhe, liegt unter dem Schatten von alten Steineichen ein ehemaliges Kindererholungsheim, das heute ein Hotel mit Tagungsräumen, eine Bar, einen Laden mit landestypischen Produkten und einen angeschlossenen Campingplatz beherbergt. Betrieben wird »Monte Maccione« – so der Name der Anlage – von der Cooperativa Turistica Enis, also einer Genossenschaft im Touristikbereich. Gegründet wurde die *Cooperativa* in den 1980er-Jahren durch eine Gruppe junger Arbeitsloser, die mit viel Eigeninitiative und etwas finanzieller Unterstützung durch die Gemeinde das alte Gebäude renovierten, ein Restaurant einrichteten und so eine Alternative zum Küstentourismus anboten. Im kleinen Laden neben der Bar werden Produkte aus eigenem biologischen Anbau verkauft, man bietet Trekking-Touren in die wilde Berglandschaft an, und auch eine Friedensfahne darf an der Rezeption selbstverständlich nicht fehlen.

Friedlich ist es dort, doch es gibt auch durchaus andere Orte in der Barbagia, der Hochebene nahe dem Supramonte-Gebirge. Orgosolo zum Beispiel. Das Städtchen mit seinen

4000 Einwohnern hat den zweifelhaften Ruf eines »Banditendorfs«. Den Bewohnern von Orgosolo eilt der Ruf voraus, sich von niemandem bevormunden zu lassen, lieber legt man sich mit den Autoritäten an, dem Staat und dem Militär etwa. Und dann sind da noch jene bunten *Murales* – Wandgemälde zu bewundern, aufgrund derer Orgosolo mittlerweile auch in vielen Fremdenführern erwähnt wird und zahlreiche Touristen den Ort besuchen.

Die Barbagia in der Mitte der sardischen Insel ist eine Hochebene, die von zahllosen Höhlen, dichten Eichen- und Kastanienwäldern und kahlen Steilhängen durchzogen ist. Noch in den 1950er-Jahren führte lediglich ein Maultierpfad durch die dichte Macchia zu den Menschen in dem damals abgeschiedenen Ort Orgosolo. Die Polizei hatte hier nur wenig zu sagen, obwohl sie viel zu tun gehabt hätte. Die Gegend galt als ein geradezu ideales Rückzugsgebiet von Banditen, Viehdieben und Entführern. Die Hirtenclans beugten sich nur ungern dem Gesetz, hier galt stattdessen immer noch die Blutrache. 1954 erregte die Studie *Die Banditen von Orgosolo* des Ethnologen Franco Cagnetta großes Aufsehen, als die Schriftsteller Alberto Moravia und Alberto Carocci sie in der Literaturzeitschrift *Nuovi Argomenti* publizierten. Cagnetta berichtete in seiner Untersuchung über häufige Polizeiwillkür. 1961 drehte der Regisseur Vittorio De Seta in Orgosolo den Schwarzweißfilm *Banditi a Orgosolo* im Stile des italienischen Neorealismus.

Orgosolo ist eine Stadt in Sardinien mit etwas mehr als 4000 Einwohnern. Sie liegt im Zentrum des Supramonte-Gebirges in der Provinz Nuoro. Der traditionelle Hauptwirtschaftszweig ist die Schafzucht, seit einigen Jahren ist der Tourismus hinzugekommen.

1969 erlangte das Städtchen weitere Berühmtheit, als sich die Bewohner erfolgreich gegen einen NATO-Truppenübungsplatz im Pratobelleo wehrten, wie sich das kommunale Weideland rund um Orgosolo nennt. Seit jeher nutzten die Orgolesen die Weideflächen gemeinsam. 1969 rückte das Militär mit zwei Divisionen und mit Panzerfahrzeugen an, doch das Vorhaben scheiterte am passiven Widerstand der Einwohner: Man blockierte die Straßen mit den Herden, vertauschte die Wegweiser und machte Wege unpassierbar. Schließlich gab die NATO die Pläne auf. Wer heute durch das umzäunte Gebiet fährt, glaubt sich in einem Stück Paradies: Ziegen, Schafe, Pferde, Schweine, Hühner – alles mögliche Getier grast friedlich nebeneinander oder rastet unter den Bäumen.

Heutzutage wird das Städtchen von den Touristen überwiegend wegen der dortigen Wandgemälde mit meist politischen Motiven besucht. 1969 entstand nach lateinamerikanischen Vorbildern das erste der *Murales* im Ortszentrum, gemalt von der anarchistischen Theatergruppe Dioniso aus Mailand. 1975 kamen neue Wandbilder hinzu, als der aus Siena stammende Kunstlehrer Francesco Del Casino beschloss, die Fassaden der Häuser mit bunten Bildern zu verschönen. Ihm schlossen sich schon bald die Künstler des Ortes an, die sich mit ihren Gemälden und Namen auf den Hauswänden verewigten. Dem Lehrer Francesco Del Casino selbst ging es dabei nicht um Parteipolitik, sondern um die Gestaltung des öffentlichen Raums und die Möglichkeit für die Bewohner, ihre Kreativität zu zeigen.

So finden sich derzeit an die 150 Wandgemälde an den Mauern der Häuser von Orgosolo. Dominierten früher lokale Themen, der Kampf der Partisanen und Alltagsprobleme wie Wasserknappheit und Weidegebiete, treten seit Ende der 1990er-Jahre internationale Ereignisse in den Vordergrund. So gibt es Wandbilder mit NATO-Flugzeugen über den Köpfen zweier Menschen, mit dem ehemaligen deutschen Bundeskanzler Helmut Schmidt über den Leichen der RAF-Mitglieder Baader, Ensslin und Raspe, mit dem sardischen Revolutionsführer

Giovanni Maria Angioy, mit den blutigen Ereignissen auf dem Platz des Himmlischen Friedens in Peking oder dem Irak-Krieg mit dem Sturz Saddam Husseins.

Die Technik der Wandmalereien ist in der Regel einfach gehalten, man verwendet meist wasserlösliche Wandfarben, wie sie normalerweise für Innenräume benutzt werden. Die Malstile sind durchaus unterschiedlich und reichen vom Impressionismus bis zum Hyperrealismus und von der naiven Kunst bis zum Realismus. Manche der *Murales* verblassen und sinken nach und nach in die Vergessenheit hinab, andere werden durch die Gemeinde erhalten, die sie nachmalen lässt.

MÄNNERINDIKATOR: Ein aufmüpfiges Dorf inmitten der wilden Einsamkeit der sardischen Berge, Schafe, Familienfehden – und Wandbilder im öffentlichen Raum. Schon eine spezielle Mischung mit hohem Kunst- und Protestfaktor.

15
DIE WALDEINSIEDELEI

SIEGSDORF, DEUTSCHLAND

»Ich war einfach da«, diesen Satz hat jemand am 15. April in das kleine Büchlein geschrieben, das auf dem Holztisch in der Ecke des Raumes liegt. »War in Gedanken verloren, jetzt voller Zuversicht«, lautet ein anderer Eintrag vom September vergangenen Jahres. Tisch und Büchlein gehören zur Einrichtung der Blockhütte, die hier in der Nähe des Klosters Maria Eck einsam im Wald steht. Es ist eine Einsiedelei, in der Gäste für einige Tage bis zwei Wochen zu sich selbst finden können. »Es gibt immer mehr Menschen, die sich fragen: Soll das Leben aus dieser Tretmühle bestehen?«, sagt Bruder Christian. Der Druck in der Arbeitswelt würde immer größer, zugleich aber auch die Sehnsucht nach dem Ausstieg aus dieser Hektik. Vor ein paar Jahren hat der Franziskaner die Einsiedelei auf Zeit ins Leben gerufen, und seitdem ist die Hütte meist ausgebucht.

Das Kloster Maria Eck liegt am Fuß des Hochfelln im bayerischen Chiemgau, von hier aus geht der Blick weit hinüber zum Chiemsee. Die Anfahrt erfolgt über Siegsdorf, und die Straße schlängelt sich durch abgelegene Weiler hinauf in die Höhe. Der Wallfahrtsort geht zurück auf das 16. Jahrhundert, neben dem mächtigen Kirchenbau findet sich auch ein großräumiger Klostergasthof. Und etwas oberhalb liegt das Kloster der Franziskaner-Minoriten, fünf Brüder leben heute noch in den ehrwürdigen Mauern.

Zu ihnen gehört Bruder Christian. Der schlanke Mittfünfziger ist ein rühriger Pater, er kümmert sich um

einen neu angelegten Steingarten, organisiert ein Jugendfest bei einem renovierten Heustadel des Klosters, hat gar an einem Wanderweg eine Waldkapelle mit kleiner Grotte errichtet, mithilfe von Freunden und Sponsoren. Mit 32 Jahren ist er in den Orden eingetreten, zuvor hatte er als Sportlehrer in einem Sanatorium in Bad Griesbach gearbeitet. Auf einer Reise durch Nepal und Sikkim machte er in einem buddhistischen Kloster die Begegnung mit der Spiritualität: »Ich habe die Erfahrung gemacht, da gibt es noch mehr.« Nach seiner Rückkehr beschäftigte er sich zusehends mehr mit der Bibel und entschloss sich schließlich, Franziskaner zu werden.

Die Idee, eine Einsiedelei zu errichten, kam ihm durch die Erfahrung bei Exerzitien. »Meine Hauptaufgabe besteht darin, den Menschen zu helfen, in den Zustand der Achtsamkeit zu gelangen«, schildert er seine Aufgabe bei der Betreuung der Einsiedler auf Zeit. Jeden Abend steht er für ein Gespräch über die Erfahrungen des Tages zur Verfügung.

Wir machen uns auf den Weg zur Holzhütte. Von der Rückseite des Klosters geht der Weg vorbei an grasenden Kühen in Richtung Wald. Nach einer Weile

Das Kloster Maria Eck ist ein Kloster der Franziskaner-Minoriten in der Gemeinde Siegsdorf in Bayern in der Erzdiözese München und Freising. Adresse: Minoritenkloster, Maria-Eck-Straße 2, 83313 Siegsdorf.

bleibt Bruder Christian stehen und deutet linker Hand auf eine Senke. Dort unten befindet sich die Einsiedelei unter den Bäumen, nicht einsehbar von oben. Wir erreichen sie auf einem abschüssigen Pfad, ein Schild an einer Tanne begrüßt uns mit der Inschrift: »Franziskusklause Maria Eck. Wir bitten Sie, die Atmosphäre der Stille und des Gebets nicht zu stören.« Das sei an Wanderer oder Neugierige gerichtet, sagt Bruder Christian.

Die Klause selbst besteht aus einem Blockhaus mit zwei Räumen. Der eine dient als Schlafraum und ist mit einem Bett, einem Herd sowie Tisch und Stuhl versehen. Hier verbringen die Einsiedler ihre Zeit. Der zweite, kleinere Raum dient dem Gebet oder der Meditation. Das Innere der Hütte macht einen freundlichen Eindruck, man fühlt sich schnell geborgen. Bank und Tisch gibt es auch vor der Tür, von hier geht der Blick auf die kleine Lichtung im Wald. Links davon plätschert das Wasser in einen Holztrog, etwas weiter entfernt steht das Toilettenhäusl, die Lichtung ist von Bäumen umgeben.

Das ist der Ort, an den man sich als Einsiedler eine gewisse Zeit zurückziehen kann. Für das Kochen ist man selbst zuständig, Bücher oder andere Ablenkungen sind nicht erwünscht. »Die Voraussetzung ist die Bereitschaft, einen eigenen Weg zu gehen«, sagt Bruder Christian, »es geht hier nicht um Urlaub.«

Eine Woche hat Gunther F. in dieser Holzhütte verbracht. Sich mit Nudeln, Reis und Tomaten selbst versorgt. Einmal am Tag hat der hagere pensionierte Grundschullehrer Holz gehackt. »Mich hat diese Einfachheit fasziniert«, berichtet er von seiner Erfahrung als Einsiedler, »wie wenig man eigentlich im Leben braucht.« Auch als es drei Tage regnete, war das kein Problem: »Ich hatte kein Buch dabei, nur ein Tagebuch. Darin habe ich meine Träume aufgeschrieben. Und ich bin näher zu mir gekommen.«

200 Tage war im vergangenen Jahr die Einsiedlerhütte von Maria Eck belegt. Es kommen mehr Frauen als Männer, die Verweildauer beträgt einige Tage bis höchstens zwei Wochen, länger soll der Aufenthalt nicht dauern. Im Tagesablauf ist eine Stunde körperliche Arbeit vorgesehen, Holzhacken etwa, oder Beerenpflücken und Unkraut jäten. Am Anfang gibt es einen »Naturtag«, dabei geht es um das Wahrnehmen der Umgebung, der Geräusche, der Gerüche und wie sich ein Baum anfühlt. »Einfach stehen bleiben und nur hören«, sagt Bruder Christian, »das Murmeln des Bachs oder das Geräusch des Flugzeugs über dir.« Letztendlich gehe es darum, den »Schalter umzulegen«, so der Franziskaner. Die Dinge nicht mehr mit dem Kopf zu begreifen, sondern einfach wahrzunehmen. Loszulassen. Ganz in der Wahrnehmung aufzugehen. »Alles, was kommen will, soll kommen.« Und es gehe auch gar nicht um bestimmte Probleme, die es zu lösen gebe. Sondern um einen Prozess, der angestoßen wird und bei jedem etwas anderes in Gang setzt.

Auch für Gunther ging es während seiner Woche als Einsiedler im Wald viel um das Loslassen, Zulassen, Einlassen. Er nahm die Natur in sich auf, hörte die Vögel singen, war von den hohen Buchen am Rande der Lichtung fasziniert. Ab und zu kam ein Hase vorbei. »Du bist ganz weit weg von allen Medien, von Fernsehen, Radio, Zeitungen«, sagt er über seine Woche im Wald.

MÄNNERINDIKATOR: In einer Einsiedelei geht es um das Gegenteil von Zerstreuung. Im Vordergrund steht das Sich-Sammeln, das Bei-sich-Sein. Hoher Spiritualitäts- und Selbsterlebnisfaktor.

16
DIE RUINEN VON ANGKOR WAT

SIEM REAP, KAMBODSCHA

Der Ort sieht aus wie ein Ruinenfeld im Dschungel. Kreuz und quer liegen Quader aus Stein, dort öffnet sich ein Tor, da schlängeln sich Eidechsen aus Spalten, dort führt ein Weg ins Unbekannte. Der Tempel Ta Prohm wurde in den 1920er-Jahren so belassen, wie er gefunden wurde. Deshalb empfängt den Besucher heute ein faszinierendes Gesteinslabyrinth, und mit am beeindruckendsten sind die riesigen Wurzeln der Würgefeige, die in das Gestein eindringen und es sprengen. Sie halten es aber zugleich auch zusammen, jedenfalls so lange die Bäume leben. Bekannt wurde Ta Prohm nicht zuletzt durch die Verfilmung des Computerspiels *Tomb Raider*, hier wurden einige Szenen mit Lara Croft gedreht.

Und Ta Prohm ist nur einer von einer Vielzahl an Tempeln und Gebäuden in und um Angkor Wat. *Angkor* bedeutet auf Khmer nichts anderes als »Stadt« und *Wat* ist »der Tempel«. Angkor Wat ist also die Stadt der Tempel. Die Tempelanlage gilt als der weltweit größte Sakralbau und zieht jedes Jahr mehr als zwei Millionen Besucher an. Angkor Wat liegt im westlichen Teil von Kambodscha bei der heutigen Stadt Siem Reap und ist der bekannteste Teil eines über Hunderte Quadratkilometer ausgedehnten Areals mit unterschiedlichen Heiligtümern.

Die Anlage im Dschungel von Kambodscha stammt aus dem 12. Jahrhundert, symbolisiert den Aufbau der Welt und ist rechteckig angelegt. Im Mittelpunkt befindet sich der fünftürmige Tempel, der wie eine Lotusknospe gestaltet ist. Er verkörpert in der Mythologie den Berg Meru, den Sitz der Götter und das Zentrum des Universums. Umgeben ist der Tempel von einer Außenmauer. Sie verkörpert das Ende der Welt und beherbergt in ihren Galerien feine Steinverzierungen, darunter ein insgesamt 600 Meter langes Flachrelief mit monumentalen Schlachtszenen und mythologischen Bildern von Himmel und Hölle, Göttern und Dämonen. Diese Anlage ist wiederum von einem 190 Meter breiten Wassergraben umgeben, er steht symbolisch für den kosmischen Ozean. Einige der Steinreliefs stellen dann auch die Sage vom »Quirlen des Milchozeans« dar, dabei wühlen Götter und Dämonen das Milchmeer auf, um das Lebenselixier *Amrita* zu erhalten. Kunsthistorisch gilt Angkor Wat als Höhepunkt der Architektur- und Bildhauerkunst der Khmer, jedes Element hat eine tiefere Bedeutung. Ungewöhnlich ist die Ausrichtung der Anlage nach Westen zur untergehenden Sonne hin, dem Symbol des Todes.

Angkor Wat ist eine weitläufige Tempelanlage in der Region Angkor in Kambodscha und die wichtigste Sehenswürdigkeit des asiatischen Landes. Die Tempel befinden sich rund 240 Kilometer nordwestlich der Hauptstadt Phnom Penh in der Nähe von Siem Reap. Die meisten Touristen erreichen Siem Reap über den dortigen Flughafen.

Zu den Steinfiguren gehören auch die geheimnisvollen *Apsaras*, barbusige anmutige Frauengestalten, die als Reliefs die Tempelwände zieren. Was stellen sie dar? Himmlische Tänzerinnen, ist eine Antwort, halb Mensch und halb Gott. Es sind göttliche Nymphen der hinduistischen Mythologie, lautet eine andere Zuschreibung. Wie auch immer, der deutsche Professor Hans Leisen rettet sie. Vor der Zerstörung durch Verwitterung. An die 1850 dieser Frauengestalten wurden hier in Angkor Wat gezählt, rund 1200 davon sind restaurierungsbedürftig, etwa eintausend wurden schon bearbeitet. Dies geschieht im Rahmen des »German Apsara Conservation Project«, das vom Auswärtigen Amt unterstützt wird und seit 1997 über die Fachhochschule in Köln läuft.

Doch die Heiligtümer von Angkor erschöpfen sich keineswegs mit der Tempelanlage von Angkor Wat. Auf vielen Quadratkilometern verstreut befinden sich hier weitere einzelne Tempel und andere große Tempelkomplexe, in denen fleißig konserviert und restauriert wird. Dazu gehört etwa die Festungsstadt Angkor Thom, die allein eine Fläche von neun Quadratkilometern einnimmt. Fünf Tore mit riesigen steinernen Gesichtern führen zum zentralen Tempel Bayon. Dieser pyramidenförmige Tempelberg erhebt sich auf drei Ebenen mit 54 Türmen, auf denen über 200 riesige, rätselhafte Steingesichter zu sehen sind. Die acht kreuzförmigen Tortürme sind durch Gänge miteinander verbunden und waren früher überdacht, sie werden heute nach und nach restauriert.

Geschichtlich steht Angkor für das Reich der Khmer zwischen 800 und 1431, als schließlich Krieger aus dem benachbarten Thailand einfielen und die Stadt teilweise aufgegeben wurde. Wiederentdeckt wurden die Ruinen in der zweiten Hälfte des 19. Jahrhunderts, als Frankreich Kambodscha zu einer seiner Kolonien machte. Die ersten Expeditionen zur systematischen Erforschung der Tempel wurden 1866 und 1873 unternommen. Ab 1898 begann man mit der intensiven Erforschung und Restaurierung der Anlagen, was bis heute anhält. Schon seit

1907 widmet sich die »Ecole Francaise d'Extreme-Orient« der Wiederherstellung der Tempel. Derzeit laufen verschiedene internationale Restaurierungsprojekte, neben den Deutschen sind hier auch Japaner, Chinesen, Inder, Italiener und Amerikaner tätig.

Ein guter Tipp für Sportliche: Angkor Wat allein mit dem Rad zu besuchen. Autos, Leih-Motorräder und Motorroller sind auf dem gesamten Tempel-Areal für Touristen ohnehin verboten. Will man selbstständig unterwegs sein, geht das nur zu Fuß oder per Rad. Der Eintritt für einen Tag kostet 37 Dollar, und bei jedem Tempel und an mehreren Kontrollstellen wird die Eintrittskarte kontrolliert. Vernünftige Mountainbikes kann man in der Stadt für 7–8 Dollar pro Tag mieten, und da ist auch noch ein Gepäckträger dabei.

Und dann kann es losgehen: Acht Kilometer sind es hinaus bis nach Angkor Wat. Eine Karte und GPS sind zu empfehlen, denn das Gelände ist unübersichtlich. Oft gibt es bei den Tempelanlagen wie zum Beispiel am Srah Srang – einem Wasserbecken – einen kleinen Mittagsimbiss. Etwa die obligatorische Chicken Soup für 3 Dollar. Wichtig ist bei der vorherrschenden Hitze auch das ständige Nachtanken von Wasser, mit Eis gekühlte Plastikflaschen gibt es in den Verkaufsständen vor jedem Tempel.

MÄNNERINDIKATOR: Wer wollte sich nicht schon einmal auf den Spuren von Angelina Jolie schweißüberströmt durch den Dschungel schlagen? Mehr Erlebnis, Sport, Exotik und Geschichte als Angkor Wat per Mountainbike geht eigentlich nicht. Hoher Abenteuer- und Spiritualitätsfaktor

17

DAS MUSEUM DER UTOPIE

PICARDIE, FRANKREICH

Das Städtchen Guise liegt an dem kleinen Fluss Oise im Nordosten Frankreichs in den grünen Hügeln der Picardie, gut 150 Kilometer von Paris entfernt. Bisher kamen nur wenige Reisende nach Guise, meist der alten herzöglichen Burg wegen, einer wuchtigen Befestigungsanlage aus dem 12. Jahrhundert. Doch neuerdings werden immer mehr Fremde gesehen, die sich für eine andere Art Sehenswürdigkeit interessieren: für die *Familistère* von Godin. Das ist ein weitläufiger Gebäudekomplex im Norden der Stadt mit vier mächtigen »Sozialpalästen«, einem Theater, Schulen, Wirtschaftsgebäuden – und der großen Fabrik. Das ist der Ort, an dem 1859 ein einzigartiges soziales Experiment begann, welches erfolgreich bis ins Jahr 1968 andauerte. Zugleich erzählt der Ort die Geschichte von Jean-Baptiste André Godin (1817–1888): Die Geschichte von einem kleinen Handwerker, der zum erfolgreichen Unternehmer wurde und schließlich seinen Reichtum und seine Fabrik den Arbeitern und Angestellten schenkte.

Man schreibt das Jahr 1846, als ein junger Mann von 29 Jahren mit 30 Arbeitern in Guise eine Fabrik eröffnet. Sie stellen Öfen her, aber keine gewöhnlichen Öfen aus Eisen und Blech. Denn der junge Mann – André Godin – ist ein einfallsreicher Kopf und hat ein Patent in seiner Tasche, das ihn

reich machen wird: das Patent zur Herstellung von Gussöfen, eine für die damalige Zeit technische Neuerung.

Godin und seine Ofenfabrik profitieren von günstigen wirtschaftlichen Umständen, 1850 beschäftigt er bereits 180 Arbeiter, 30 Jahre später sind es 2500. Die Gussöfen aus Guise verkaufen sich prächtig, der »kleine Godin« *(le petit Godin)* wird zum Synonym für den alltagstauglichen Kanonenofen. 1880 ist Godin ein reicher Mann mit einem Vermögen von rund 4,6 Millionen Francs.

Auf der anderen Seite des Rheins, in Essen, steht zu dieser Zeit der Name Alfred Krupp ebenfalls für die Gründung und den Aufstieg eines Unternehmens. Auch er produziert Gusseisen (und vor allem Kanonen), und um 1870 lässt sich Krupp auf einem Hügel über seinen Fabriken eine Residenz erbauen – die Krupp-Villa ist heute noch zu besichtigen. Auch Godin baut sich einen Palast, allerdings einen »Sozialpalast« mit modernsten Wohnungen, glasüberdachtem Innenhof, mit Müllschluckern, Licht und Belüftung. 1859 entsteht der erste dieser Großbauten, der Zentralpavillon. Später kommen die beiden Flügelbauten und schließlich, etwas entfernt liegend, das vierte Wohngebäude hinzu.

Die *Familistère* von Guise in Frankreich ist ein durch den Fabrikanten Jean-Baptiste André Godin in der Mitte des 19. Jahrhunderts erbauter Gebäudekomplex, der heute teilweise als Museum zu besichtigen ist. Adresse: Cité Familistere, 02120 Guise.

Die Idee für die sogenannte *Familistère* stammt ursprünglich von Charles Fourier (1772–1837), einem »utopischen Sozialisten« und scharfen Kritiker seiner Zeit. Der Grundriss der *Familistere* sah eine schlossähnliche Anlage mit einem Zentralpavillon und zwei Flügelanbauten vor. Es sollte ein Palast für die Arbeiter werden, ein »Sozialpalast«. Die Vorderfront hatte eine Gesamtlänge von 135 Metern, und darin befanden sich »1200 steuerpflichtige Thüren und Fenster«, wie es in einem zeitgenössischen Bericht hieß. Als das mächtige dreistöckige Gebäude fertiggestellt war, bot es Platz für 500 Familien. Den Mittelpunkt der einzelnen »Paläste« bildete jeweils der große, mit Glas überdachte Innenhof. Von hier aus führten Galerien zu den Wohnungen, die meist aus zwei Zimmern bestanden. Es gab ein ausgeklügeltes Belüftungssystem, die Wohnungen hatten Fenster sowohl nach außen wie auch in den Innenhof, nachts waren die Gebäude beleuchtet und ein Nachtwächter machte die Runde. In den Ecken der rechteckigen Paläste waren die Wasserleitung, die Aborte und eine Art Müllschlucker eingebaut: Durch Klappen in einer »Kehrrichtkammer« konnte der Abfall von den oberen Stockwerken hinunter in einen Behälter geworfen werden. Unten im Erdgeschoss versorgten Läden die Einwohner mit allem Notwendigen: Hier konnte man Gemüse, Fleisch, Backwaren, Stoffe, Brennmaterial und auch Getränke kaufen.

Doch damit waren die Annehmlichkeiten der »Sozialpaläste« noch nicht erschöpft. Zwei Ärzte, eine Hebamme und eine eigene Apotheke sorgten für die Gesundheit der Bewohner. Warmes Wasser aus der Fabrik stand in der Wäscherei am Ufer der Oise für die Leibwäsche zur Verfügung, hier konnte man auch Wannenbäder benutzen und sich im 50 Quadratmeter großen Schwimmbad tummeln. Für die Kinder konnte der Holzboden des Schwimmbads angehoben werden. In dem Theater, für 1000 Zuschauer gegenüber dem Zentralpavillon erbaut, wurden Theaterstücke aufgeführt und Vorträge abgehalten. Die *Familistère* hatte auch ein eigenes Orchester, das im Sommer auf der Wiese hinter dem »Sozialpalast« Platzkonzerte veranstaltete. Und zweimal im Jahr wurde im zentralen Innenhof ein viel besuchtes Fest der Arbeit (1. Mai) und des Kindes (1. September) abgehalten.

1880 krönte Godin sein Lebenswerk und sein soziales Engagement, indem er die *Familistère*, sein Barvermögen und die Fabrik in eine »Assoziation von Kapital und Arbeit« einbrachte. Die rund 2500 Arbeiter und Angestellten der Fabrik wurden quasi zu Besitzern und erhielten jährlich eine Dividende, sowohl in Form von Bargeld als auch in Form neuer Anteils- und Sparscheine.

Die Genossenschaft von Guise existierte über 80 Jahre lang, erst im Jahre 1968 löste sich die Assoziation auf. Der Grund lag in wirtschaftlichen Schwierigkeiten, aber auch der genossenschaftliche Gedanke von Godin war dabei zu schwinden. In den 1960er-Jahren hatten das Fernsehen und das Auto den gemeinsamen Aktivitäten in der *Familistère* den Garaus gemacht, zudem entsprachen die Wohnungen in den »Sozialpalästen« nicht mehr den Ansprüchen der Bewohner. Schließlich wurde die Fabrik an ein Privatunternehmen verkauft, und die Wohnungen wurden in Eigentumswohnungen umgewandelt. Theater, Schulen und Badehaus gingen an die Gemeinde, die *Familistère* von Guise fiel für lange Jahre in einen Dornröschenschlaf.

Erst seit wenigen Jahren haben der französische Staat und die Gemeinde den Wert des Godin'schen Erbes wiedererkannt und die *Familistère* zu einem »Historischen Monument« erklärt. Heute finden dort im Rahmen eines »Projekts Utopia« Umbaumaßnahmen statt. Das soziale Experiment von Guise soll damit in seiner sozialgeschichtlichen Bedeutung gewürdigt und verstärkt dem Tourismus zugänglich gemacht werden.

MÄNNERINDIKATOR: Wer die Familistère von Guise besucht, begegnet in Godin einem echten Macher, der es geschafft hat, eine Utopie wahr werden zu lassen. Hoher Revoluzzerfaktor.

18

DAS HAUS VON ELVIS PRESLEY

MEMPHIS, USA

Memphis, Tennessee, ist bekannt durch das Denkmal für den hier ermordeten Bürgerrechtler Martin Luther King, die größte touristische Attraktion der Stadt aber ist sicherlich »Graceland«, der Wohnort des Plattenmillionärs und King of Rock 'n' Roll, Elvis Presley. Er komponierte keinen der vielen Songs, mit denen er berühmt und reich wurde, selbst, sondern es waren seine Interpretationen, die aus Liedern wie »Love me tender« internationale Hits machten. An Elvis konnte die Männerwelt lernen, dass ein gekonnter Hüftschwung ganze Horden von Frauen in Verzückung und besinnungsloses Schreien versetzen kann. Auf diese Weise zu Ruhm gekommen, wirkte *Elvis the pelvis* auch in 31 Filmen mit.

Elvis steht für die Verwirklichung und den Absturz des amerikanischen Traums: vom armen Jungen aus der Provinz zum gefeierten Idol. Und dann der frühe Tod aufgrund von Alkohol- und Tablettenmissbrauch. Es ist diese Geschichte, die »Graceland« erzählt. Ganz amerikanisch wurde gegenüber dem ehemaligen Familienbesitz ein weitläufiges Besucherzentrum mit einem noch weitläufigeren Parkplatz errichtet, inklusive Restaurants und Souvenirläden. Zu besichtigen sind neben dem Herrenhaus und der Grabstätte der Familie auch Ausstellungen der Autos und der Flugzeuge von Elvis Presley.

Der Sänger erstand das Anwesen mit herrschaftlichem Haus und großem

Grundbesitz im Jahre 1957 für 100.000 Dollar. Damals war er 22 Jahre alt und hatte eine der steilsten Karrieren innerhalb des Musik-Business hingelegt, er war auf dem Weg zum absoluten Superstar. Das Haus selbst war 1939 erbaut worden, und »Graceland« war nach Grace, einer Familienangehörigen der damaligen Besitzer, benannt worden. Als Jugendlicher hatte Elvis seinen Eltern versprochen, dass sie einst reich sein und in einem großen Haus leben würden. In »Graceland« machte der Rockstar diesen Traum wahr und lebte hier Jahre zusammen mit seinen Eltern und seiner eigenen Familie.

Geboren wurde Elvis Aaron Presley 1935 als Sohn von Gladis und Vernon Presley in einem Haus mit zwei Zimmern im kleinen Ort Tupelo im Bundesstaat Mississippi, 180 Kilometer südöstlich von Memphis. Selbstverständlich ist der Ort heute eine touristische Attraktion, für ein paar Dollar kann man das angebliche Geburtshaus besichtigen. Es ist ein sogenanntes *shotgun house*: so klein, dass man, wenn man die Vorder- und Hintertür öffnet, hindurchschießen kann. Wer darin wohnte, gehörte eher zur ärmeren Bevölkerung.

Jährlich besuchen rund 600.000 Menschen die seit dem 27. März 2006 als »Nationaler Historischer Ort« ausgewiesene Stätte. Seit dem 7. November 1991 ist »Graceland« im Nationalen Verzeichnis Historischer Stätten eingetragen und steht unter Denkmalschutz. Die Eintrittspreise reichen von rund 40 Dollar bis 160 Dollar (»VIP Tour«). Adresse: Elvis Presley Blvd, Memphis, TN 38116.

Von hier aus machte sich der junge Elvis auf, musikalisch die Welt zu erobern. 1948 zogen die Presleys von Tupelo um nach Memphis, Tennessee – man hoffte dort auf eine bessere Zukunft. Die Familie lebte zunächst in verschiedenen Pensionen, bis sie die Berechtigung erhielt, ein Apartment in den Lauderdale Courts zu beziehen, einem vom sozialen Wohnungsbau geprägten Stadtviertel in der Innenstadt von Memphis. Dort lebten vor allem Weiße mit niedrigem Einkommen. Die Stadt war zu dieser Zeit ein Ort mit einer sehr lebendigen Radioszene, in der »weiße« und »schwarze« Radioprogramme nebeneinander existierten. Nachdem Elvis Presley die Highschool abgeschlossen hatte fing er als Arbeiter bei einer kleinen Maschinenreparaturfirma in Memphis an. Sein erstes Gehalt nutzte er dazu, um im Juni 1953 beim »Memphis Recording Service«, einem professionellen Aufnahmestudio, wo jeder Kunde für einige Dollar eine eigene Platte aufnehmen konnte, zwei Songs einzuspielen.

Das war bekanntlich der Beginn einer schier unglaublichen Karriere. Elvis verkaufte unglaubliche 400 Millionen Schallplatten, trat als Superstar in TV-Shows auf, spielte in Dutzenden Filmen mit. Elvis Presley wurde zum erfolgreichsten und bekanntesten Musiker des Rock 'n' Roll, ein weltweites Idol und die Verkörperung des amerikanischen Traums.

Seinen privaten Traum erfüllte er sich in »Graceland«. Die Besichtigungstour führt durch die verschiedenen Räume. Im Erdgeschoss befindet das Wohnzimmer mit weißen Polstermöbeln und farbigen Glasfenstern. Zu sehen sind auch das Schlafzimmer der Eltern sowie das Esszimmer, *the dining room,* in der üppigen Pracht der Südstaaten. Dort darf ein Bild von Priscilla Presley mit Töchterchen Lisa nicht fehlen – die Ehe wurde 1967 in Las Vegas geschlossen. Die Küche war auch in »Graceland« ein Mittelpunkt des Familienlebens, und im Untergeschoss führt der Rundgang zum Fernsehraum mit den drei Fernsehgeräten: jeweils eines für einen der damaligen drei großen Fernsehsender. Insgesamt gab es im Haus 14 TV-Geräte. Die Einrichtung stammt aus dem Jahre 1969. Auch ein Billardraum war in »Graceland« natürlich vorhanden.

Der amerikanische Traum wird auch zuletzt noch deutlich an den Grabmälern der Presleys. Die Familie ist schließlich eines der am meisten hochgehaltenen amerikanischen Ideale – und hier liegt die Familie Presley vereint. Freilich endete der Traum tragisch, Elvis Presley starb im August 1977 im Alter von nur 42 Jahren, die Ehe mit Priscilla war bereits fünf Jahre zuvor geschieden worden. Der Aufstieg aus kleinen Verhältnissen zum Superstar hatte seinen hohen Preis gefordert.

Am Grab von Elvis endet die Tour durch »Graceland«. Wer will, kann im Besuchercenter gegenüber noch die diversen Limousinen und seinen Privatjet besichtigen.

MÄNNERINDIKATOR: Selten lässt sich an einem Ort der grandiose Aufstieg und Niedergang eines weltweiten Idols so direkt erleben wie in Graceland. Männer, die wissen möchten, was es mit seinem Tod auf sich hat, finden hier handfeste Fakten. Hoher Glamour- und Aufklärungsfaktor!

19

DAS MUSEUM DER ELEKTROGEHIRNE

MÜNCHEN, DEUTSCHLAND

Die Halle 109 auf dem ehemaligen Fliegerhorst Neubiberg bei München liegt nahe dem Tower, doch hier landen und starten schon lange keine Düsenjäger mehr. Auf einem Teil der früheren Startbahn vergnügen sich heute im Sommer Radler, Roller-Blader, Skater oder Jogger, auf einem anderen Teil werden ferngesteuerte Vehikel ausprobiert. Letzteres geschieht unter der Regie der hier ansässigen Hochschule der Bundeswehr, an der rund 4000 Soldaten studieren. Zum Beispiel Informatik – und das ist auch das Arbeitsgebiet von Professor Uwe Borghoff. Er ist für das verantwortlich, was seit 2010 in Halle 109 passiert.

»Ja«, sagt der 51-Jährige, »das riecht ein bisschen nach Harz, das sind die Steckverbindungen.« Er lehnt an einem mächtigen Eingabepult. »IBM Electronic Data Processing Machine« steht in gegossenen Lettern über dem metallenen Tisch mit seinen vielen glänzenden Knöpfen. Davor breiten sich rechtwinklig große, mannshohe Metallschränke mit unzähligen Kabelsträngen aus. Auf der Rückseite sind Hunderte von elektronischen Röhren zu sehen. »Das ist ein IBM 705«, erklärt Borghoff, »der war vor 60 Jahren bei der Hoechst AG in Frankfurt in Betrieb.« Damals, also 1957, war das die modernste verfügbare Technik. Gefüttert wurde das »Elektronengehirn«, wie man in dieser Zeit gern sagte, über Lochstreifen. Die Rechnerkapazität des Röhrenmonsters betrug 40 Kilobyte. Jedes Billig-Handy bringt heute tausendmal mehr Rechnerleistung mit.

Und das ist auch der Grund, warum der »IBM 705« heute in Halle 109 steht, neben der Festplatte aus den 1960er-Jahren, die ungefähr so groß ist wie der Reifen

eines Lastwagens. Und neben anderen alten Rechnern, vom einstigen Supercomputer namens Cray über die Robotron-Technik aus der DDR bis hin zu den Commodore-Konsolen. In Halle 109 entsteht derzeit ein europaweit einzigartiges Projekt: ein Forschungs- und Ausstellungszentrum für Rechnertechnik von den 1950er-Jahren bis heute. »datArena« nennt sich das Projekt, das einerseits eine Forschungs- und Lehrumgebung für Wissenschaftler und Studierende sein soll. Und zum anderen ein Ort, an dem »digitales Erbe« bewahrt wird und sich der Besucher mit der Geschichte und der Gegenwart der Informationstechnologie auseinandersetzen kann.

»Nein, das hört so schnell nicht auf«, sagt Uwe Borghoff. Er meint damit jenen Prozess, der mit dem »IBM 705« begann und seitdem immer weitergeht, nämlich die permanente Umwälzung der Informationstechnologie mit der steten Erweiterung von digitaler Rechner- und Speicherkapazität. Was dazu führt, dass heute im Durchschnitt alle sechs Jahre eine neue Hardware angeschafft wird. Was dazu führt, dass die Speichermedien von vorgestern längst vergessen und schon die von gestern nicht mehr abspielbar sind. Und was dazu führt, dass mittlerwei-

Die »datArena« befindet sich derzeitig noch in der Aufbauphase. Mit ihr entsteht direkt bei München ein neuartiges Lehr-, Forschungs- und Ausstellungszentrum, das zwischen Technik-, Kultur- und Sozialgeschichte vermittelt und zugleich ein Forum für Begegnungen bietet: Die »datArena« soll Labor, Forschungs-, Ausstellungs- und Kommunikationszentrum für Wissenschaftler, Studierende und die Öffentlichkeit werden. Adresse: Fliegerhorststraße, 85579 Neubiberg.

le die Volumen der digitalen Datenmengen in bis heute unbekannte Größenordnungen anwachsen. Stellte man vor 500 Jahren ein Buch in das Regal einer Bibliothek, so lässt sich das heute wieder herausnehmen und lesen. Für das gleiche Buch in digitalisierter Form ist das nicht vorstellbar, es sei denn, die Daten werden permanent auf neue Datenträger umgeschichtet und so parallel zur Erneuerung der Hardware lesbar erhalten.

Jetzt macht sich in einer Ecke von Halle 109 gerade Peter Bartsch an der Stromversorgung eines »Control Data 960«-Rechners aus dem Jahr 1989 zu schaffen. Bartsch hat lange Jahre bei der Firma gearbeitet, jetzt opfert er seinen Urlaub, um hier in Neubiberg die alten Rechner mit ihren großen Magnetspulen wieder zum Laufen zu bringen. Der Aschaffenburger ist Unterstützer des Vereins »Gesellschaft für historische Rechenanlagen e. V.«, der als Träger für das »Computer Museum München« fungiert. Die Gesellschaft besitzt Sammlungen mit Tausenden von Objekten, die vom Informationszeitalter erzählen: Hardware von der Rarität bis zum Mainstream, Software, Werbemittel, Zeitschriften, Literatur sowie ein Software-Archiv »von internationalem Rang« und eine der größten privaten Datenträgersammlungen Europas. »Objekte, Dokumente und Wissen der Computer-Ära drohen bald für immer verloren zu gehen. Eine große Anzahl von Menschen wird dann mehr denn je von Kenntnissen ausgeschlossen sein, die eine wichtige Basis für das Verständnis der ›Informationsgesellschaft‹ bilden, in der wir leben«, so der Verein, dessen Zielsetzung aber nicht nur im Bewahren der inzwischen veralteten Technik liegt: »Die Leistung der Gesellschaft für historische Rechenanlagen liegt aber keinesfalls ›nur‹ im Retten und Bewahren unschätzbar wichtiger Dokumente der Technikgeschichte. Sie gibt ihr Wissen offensiv weiter.«

Gut zwei Dutzend Mitglieder hat der Verein und eines davon ist Wolfgang Kainz-Huber. Der 53-Jährige sammelt Mikrocomputer, heute umfasst seine

Sammlung mehr als 500 verschiedene, zumeist funktionstüchtige Rechnermodelle und eines der größten privaten Software-Archive Europas. Alles gestapelt im Keller seines Hauses in Grasbrunn bei München. Als staatlich geprüfter Landwirt und Landwirtschaftsmeister gründete er 1986 eine Software-Firma mit Forstwirtschafts-Programmen, und 1998 entflammte seine Leidenschaft für historische Mikrocomputer. Auf einem Flohmarkt erstand er eine Kiste mit C-64-Computern, dann folgten Atari und andere Hersteller. Kainz-Huber stellte sie zu Hause in einer Vitrine aus. Dann kam der »Traum, eine Ausstellung zu machen«. Seither sammelt er professionell, auch Spielkonsolen, und springt damit über seinen Schatten: »Die interessieren mich persönlich nicht die Bohne, aber ich habe sie alle.«

Gewissermaßen das Gegenstück im Verein stellt John Zabolitzky mit seiner privaten Sammlung funktionsfähiger historischer Großrechner dar. Der Physiker hatte Professuren in Köln und Minnesota/USA inne und ist Mitbegründer und Direktor einer international tätigen Firma für Industrie-Automation. Er begann 1999 mit dem Sammeln von Groß- und Supercomputern, die in Kellern, Garagen und einer angemieteten Halle auf einem Bauernhof lagerten. Die Rechner stammen zum Beispiel vom Max-Planck-Institut für Plasmaphysik, vom Deutschen Wetterdienst oder eben von der Hoechst AG. Sie stehen jetzt als Leihgabe in der Halle auf dem ehemaligen Fliegerhorst Neubiberg.

MÄNNERINDIKATOR: Dieses eher versteckte Museum ist ein Geheimtipp sowohl für altmodische Technikfreaks als auch für digitale Natives. Selten lassen sich Elektronengehirne aller Klassen und Zeiten in so großer Dichte bestaunen.

20

DAS FILMFESTIVAL AM ENDE DER WELT

DONAUDELTA, RUMÄNIEN

Wenn der Motor ausgeschaltet ist und das Boot ruhig auf dem Wasser dahintreibt, zeigt sich die Tierwelt. Dann lugt der Silberreiher aus dem Röhrendickicht hervor, und wie ein tiefblauer Blitz zischt der Eisvogel vorbei. Ganz vorne, wo sich der Kanal zu einem See weitet, sitzt ein Pelikan auf einer kleinen Insel. Als wir uns nähern, streckt er seine weiten Schwingen und hebt mit mächtigen Flügelschlägen vom Boden ab. Von irgendwoher macht ein Vogel »Peck, peck, peck«. Von großen Seerosenblättern hüpfen grüne Frösche in die Fluten. Ab und zu sichten wir eine kleine Wasserschlange. Es ist still und einsam. Wir sind in Rumänien in der grünen Welt des Donaudeltas mit seinen drei mächtigen Flussarmen und dem unübersehbaren Gewirr von kleinen Wasserwegen, Seen, Kanälen und Sümpfen.

Die Dobrudscha, wie die Gegend um das Delta herum heißt, war früher das Armenhaus Rumäniens. Auch heute noch sind die Straßen in den Dörfern ohne Asphalt, und die Sandwege weisen tiefe Furchen auf. Doch das Delta verändert sich. Aus der rumänischen Hauptstadt Bukarest kommt eine neue Art Besucher, mit teuren Geländewägen und noblen Motorbooten. Die Städter sind es auch, die als Finanziers für Hotelneubauten und Pensionen auftreten – mittlerweile hat sich so etwas wie eine touristische Infrastruktur entwickelt. Auch für die hier lebenden Lipowaner, eine russischsprachige Minderheit in Rumänien, ist die Zeit nicht stehen geblieben. Für sie bietet der Tourismus Arbeitsplätze. Wie für Serghei Daniel. Der 33-Jährige arbeitete in der Aluminiumfabrik in Tulcea, bis diese ihre Tore schloss. Seit sechs Jahren führt er nun Touristen von dem Dorf Dunavatu aus durch die Wasserwelt des Donaudeltas. Mit seinem Motorboot

taucht er ein in diese Urwaldlandschaft, umfährt geschickt umgestürzte Bäume, überquert Seen wie den Lacul Isăccel oder den Lacul Uzlina.

Jetzt ist Serghei auf dem südlichen der drei großen Donau-Arme unterwegs nach Sfântu Gheorghe. Das Dorf liegt dort, wo der Fluss in das Schwarze Meer mündet, und ist nur per Schiff zu erreichen – es liegt also praktisch am Ende der Welt. Zwischendurch drosselt Serghei immer mal wieder den Motor, sein Handy klingelt. Die Moderne ist auch im Donaudelta angekommen. Dazu gehören auch die Schnellboote, die auf den großen Kanälen dahinrauschen und große Wellen verursachen – sie werden von Naturschützern nicht gern gesehen.

In Sfântu Gheorghe zeigt sich dann eine seltsame Kombination aus abgeschiedener Rückständigkeit und modernem Luxus. Das Dorf mit seinen rund 900 Einwohnern besteht aus einer Reihe alter Holzhäuser an einer staubigen Sandstraße. In den Gärten recken sich die Sonnenblumen in die Höhe, und vor den Türen liegen dösend die Hunde in der Sonne. Vom Ende des Dorfes bis zum Strand am Schwarzen Meer sind es gut drei Kilometer zu gehen. In der Hochsaison kann man diese Strecke mit einem zur Trambahn umgebauten Traktor-Anhänger

Sfântu Gheorghe (zu Deutsch: »Sankt Georg«) ist eine Ortschaft mit rund 800 Einwohnern im rumänischen Donaudelta, die Anfahrt mit dem Boot erfolgt über die Stadt Tulcea. Straßen gibt es keine. Das Filmfestival »Anonimul« zieht inzwischen jedes Jahr an die 5000 Besucher an.

überwinden, mit dem früher Schweine transportiert wurden. Der Sandstrand selbst ist lang und unberührt. Nur ein Getränkeverkäufer bietet seine mit Eis gekühlten Limo- und Bierflaschen an. Zwischen den Dünen sind ein paar alte Bunker zu sehen.

Sfântu Gheorghe war lange Zeit das Ende der Welt, doch heute gibt man sich einmal im Jahr kosmopolitisch. Dann findet hier das wohl unbekannteste Filmfestival der Welt statt, mit dem wegweisenden Namen »Anonimul«. Es werden internationale (Kurz-)Filme gezeigt, und zwar in einer luxuriösen Hotelanlage mit reetgedeckten Cottages. Vom Fitnessraum über die Klimaanlage bis zu bequemen Kinosesseln bietet das von dem ehemaligen Erdöl-Geschäftsmann Sorin Marin erbaute Nobelresort alle modernen Annehmlichkeiten, darunter drei Luxusrestaurants. 100 Euro kostet ein Zimmer in der Anlage des »Green Village«, daneben befindet sich ein komfortabler Campingplatz, man kann dort spitzgieblige Hütten mieten. Hier steht auch die große Leinwand, auf der die Filme unter freiem Himmel gezeigt werden.

Vor mehreren Jahren begann die Stiftung »Anonimul« mit der Organisation des Festivals, das zum ersten Mal 2004 über die Bühne ging. Wie ein Raumschiff, das im Altertum gelandet ist, beschrieb damals die rumänische »Allgemeine Deutsche Zeitung« das neu gebaute »Kino-Dorf« im Donaudelta. Ehrengast war seinerzeit Moritz de Hadeln, der 20 Jahre lang die Berliner Filmfestspiele geleitet hatte. Der Festivalname »Anonimul« solle für den Anspruch auf Unkonventionalität, auf Einfachheit und wahre Kommunikation stehen, erklärte bei der Eröffnung Festivaldi-

rektorin Miruna Berescu, es solle kein Festival für Stars, sondern für junge Regisseure und Filmemacher sein. Heute rühmt man sich, dass das Festival international als »ernsthaft und ambitioniert« (so die rumänische Schauspielerin Maia Morgenstern), zugleich aber auch als »ungewöhnlich« wahrgenommen wird (zumindest in der Fachwelt).

Die Wettbewerbe laufen in den drei Kategorien Spielfilm, Kurzfilm und Animationskurzfilm, die Preise betragen 3000 US-Dollar beim Spielfilm und jeweils 1000 Dollar für die beiden anderen Kategorien. Über die Preisvergabe entscheidet keine Jury, sondern das Votum des Publikums. 2009 kürte es auch einen Beitrag aus Deutschland. Mit 34,6 Prozent aller abgegebenen Stimmen nominierte es den Animationsfilm *Post!* der Kölner Matthias Bruhn und Christian Asmussen zum Sieger in dieser Kategorie. Auch 2017 war wieder ein internationales Programm geboten mit Kurzfilmen aus Schweden, Frankreich, Brasilien oder Russland. Mit dem Film *Die Brücke über den Fluss* war auch ein Beitrag aus der Schweiz vertreten. Und auch nächstes Jahr wird wieder ein Tragflügelboot den Donau-Arm heraufkommen und die kosmopolitischen Besucher nach Sfântu Gheorge bringen. Das Festival findet immer im August statt.

MÄNNERINDIKATOR: Gladstonbury, Rock am Ring, Bayreuth, Berlinale – alles schon gehabt? Hier im Donaudelta findet jeder, vom eingefleischten Festival-Hopper bis zum Kulturfreak, etwas Neues – sofern man bereit ist, fast bis ans Ende der Welt zu reisen. Außerdem hoher Heranpirschfaktor an noch unbekannte Stars.

21

DIE SEXKOMMUNE VON ONEIDA

ONEIDA, USA

Oneida – das ist eine Kleinstadt mit rund 10.000 Einwohnern im Norden des US-Bundesstaates New York, die Niagarafälle liegen gut 300 Kilometer weiter westlich. Oneida ist aber auch der Name des bekanntesten Herstellers von Essbestecken in Nordamerika. Und das wiederum hat zu tun mit jenem sozialen Experiment, das von 1848 bis 1880 in Oneida stattfand: Damals gründete sich hier eine Kommune von schließlich rund 200 Mitgliedern, die neben der freien Liebe auch einen »Bibelkommunismus« praktizierten und gemeinsam lebten und arbeiteten. Als die Mitglieder der Kommune nach mehr als 30 Jahren wieder zum bürgerlichen Eheleben zurückkehrten, wandelten sie ihre Fabriken und Unternehmen in eine Aktiengesellschaft um.

»The Mansion House«, lautet die Inschrift auf einer blauen Metalltafel neben dem Haupteingang, und »Haus der Oneida-Kommune, einer utopisch-religiösen Gesellschaft, die von 1848 bis 1880 den Perfektionismus praktizierte«. Im Inneren empfängt den Besucher der Geruch nach altem Holz, Sonnenstrahlen,

die durch Fenster auf das dunkle Parkett fallen, das gelegentliche Knarren von Treppen und ansonsten Stille. In dem alten Haus führen viele Türen in unbekannte Räume. Eine davon führt zu Anthony Wonderley, dem Kurator des Museums hier im »Mansion House«. »Manchmal haben sie jeden Abend die Bänke um-

gestellt«, sagt Wonderley, »weil sie Langeweile und Routine gehasst haben.« Wir stehen im Theatersaal. Der Kurator öffnet eine Tür: »Jeder hatte sein eigenes Zimmer, seinen Privatraum.« Denn es galt: Man kam nur zur »sozialen Aktivität« zusammen. Ansonsten schlief man allein. Das sollte der Entstehung von eheähnlichen »bevorzugten Verbindungen« vorbeugen. Denn hier im »Mansion House« war jeder mit jedem verheiratet, »Komplexe Ehe« nannten das die Mitglieder der Kommune.

Es war im Jahr 1848, als der Prediger John Humphrey Noyes mit 50 Gefolgsleuten begann, in Oneida seine utopische Gemeinschaft aufzubauen. Damals, Mitte des 19. Jahrhunderts, galt der Bundesstaat New York als ein Experimentierfeld für alternative Lebensformen – so wie viele Jahre später dann Kalifornien. Tausende von Amerikanern schlossen sich damals religiös-utopischen Gemeinschaften an, in denen die traditionellen Geschlechterrollen und die Ehe zurückgewiesen und stattdessen Polygamie und neue Partnerschaftsformen ausprobiert wurden. Das Leben in der Oneida-Kommune war geprägt von Kultur – im Theatersaal fanden Tanz- und Musikvorstellungen statt, aber auch Versamm-

Die Oneida Community war ein sozialutopisches Experiment im 19. Jahrhundert in Madison County im US-Bundesstaat New York. Das »Mansion House« der Kommune ist bis heute erhalten und wurde 1965 zu einer »Nationalen Historischen Stätte« erklärt. Es beherbergt heute ein Museum.

lungs- und Diskussionsabende. Die Mitglieder nahmen in einem gemeinsamen Speisesaal ihre Mahlzeiten ein, hoch geschätzt wurden Wissenschaft und Literatur.

Mit am ungewöhnlichsten war wohl die Ausgestaltung des Geschlechterverhältnisses. Unter dem Begriff »komplexe Ehe« praktizierte man die Auflösung der Ehe, jeder sollte mit jedem sexuell verkehren können, das Einverständnis der jeweiligen Partner vorausgesetzt. Manche der Kommunemitglieder hatten pro Monat sexuellen Verkehr mit mehr als vier Partnern, andere weniger. Das Verfahren war simpel: Ein Mann erklärte einer Frau seine Gunst, und sie akzeptierte oder nicht. Für den *social intercourse,* wie man den Liebesakt nannte, zogen sich die Paare in eines ihrer Zimmer zurück, man solle nicht so viel reden, hieß dabei die Anweisung, sondern sich gegenseitig erfreuen. Geächtet aber waren exklusive Liebesbeziehungen, da dies der Selbstsucht Vorschub leiste und sich die Paare damit von der Gemeinschaft entfernten. So gab es im »Mansion House« nur Einzelzimmer, die auch öfter gewechselt wurden, um Gewöhnung zu vermeiden.

Während die Mitglieder der Kommune die freie Liebe pflegten, wurden jedoch auch die Grundlagen für die spätere Firma »Oneida Community« gelegt. Zu Beginn des Experiments hatte jedes Mitglied sein Vermögen in die Kommune eingebracht, doch diese Einlagen waren bald aufgebraucht. Neue Geldquellen waren

erforderlich, und man begann zunächst mit der Fertigung von Möbeln und Besen. Zum Glück hatte sich der Gemeinschaft auch Sewell Newhouse, ein Schmied, angeschlossen. Newhouse war der Erfinder einer verbesserten Falle, die bald von allen Fallenstellern in den Wäldern Amerikas bevorzugt wurde. Die Produktion von Tierfallen erwies sich als eine Art Goldgrube – schließlich wurden in einer neu gebauten Fabrik mehr als 200.000 Stück pro Jahr produziert.

1880 konnten die »Bibel-Kommunisten« von Oneida auf den Aufbau eines kleinen, aber florierenden Wirtschaftsimperiums zurückblicken, mit der Fallenherstellung als rentabelstem Bereich. Trotzdem löste sich in diesem Jahr die Kommune auf. Die Gründe waren vielfältig. John Humphrey Noyes, der Begründer der Community, hatte sich zurückgezogen. Wer seine Nachfolge antreten sollte, war unklar, die Mitglieder spalteten sich in zwei Fraktionen auf. Letztlich war auch die religiöse Grundlage der Gemeinschaft am Verblassen. In einer Abstimmung wurde beschlossen, das utopische Experiment aufzugeben und zur Monogamie und damit zur Ehe zurückzukehren. Der Clou aber war: Man wandelte die Oneida-Kommune in die Firma »Oneida Community« um. Aus der utopischen Gemeinschaft wurde eine Aktiengesellschaft, die nun Essbestecke produzierte.

»Das war einfach ein höchst interessantes Experiment«, meint Giles Wayland-Smith, einer der Nachkommen, der auch von sich sagt: »Ich lebe gern hier.« Zusammen mit seiner Frau wohnt der 78-Jährige heute im »Mansion House«. 35 Appartements sind privat vermietet. Seit 1989 wird das Haus von einer gemeinnützigen Gesellschaft getragen, neben dem Museum können Touristen in einigen Bed & Breakfast-Zimmern übernachten, in der ehemaligen Gemeinschaftsküche ist heute ein Restaurant untergebracht. Die Bibliothek, das Theater und der ehemalige Speisesaal sind immer noch öffentliche Räume, die Besuchern, Bewohnern und Gästen zur Verfügung stehen.

MÄNNERINDIKATOR: Wer sich für das Zusammenleben von Männern und Frauen abseits der üblichen Wege interessiert, findet hier eine reiche Quelle. Das Sexleben der Kommune war in dieser Form für die damalige Zeit wohl einzigartig. Hoher Testosteronfaktor.

22

EINTAUCHEN IN DIE UNTERWELT VON WIEN

WIEN, ÖSTERREICH

»Es war zehn Uhr abends, als wir unsere Wanderung antraten. Der Hausmeister öffnete blitzschnell mit einem Dietrich die kleine, eiserne Tür des Turmes, und wir stiegen die enge, stark gewundene Treppe hundert Stufen hinab bis zur Sohle des Kanals. An Waffen trugen wir für alle Fälle je einen englischen Schlagring mit gehärteten Stahlspitzen und einen kleinen Revolver mit.« So schilderte der Wiener Emil Kläger einen seiner Ausflüge in dem Buch *Durch die Wiener Quartiere des Elends und Verbrechens*, seinen Abstieg in das Reich der Kanalisation im ersten Jahrzehnt des 20. Jahrhunderts.

Wer heute diese Unterwelt betritt, benötigt mitnichten Artikel der Selbstverteidigung, aber immer noch starke Nerven. Zumindest wenn er sich einer der organisierten Führungen anschließt. Am Esperantoplatz öffnet sich sternförmig der Kanaldeckel zum Reich der Dunkelheit, und im Kreis geht es die Stufen hinab, vorneweg der Mitarbeiter der Stadtwerke mit seiner Lampe. Unten knallt dann allerdings wirklich ein Revolver, das spärliche Licht, das die gemauerten Gänge ausleuchtet, flackert, und Rauchschwaden wabern durch die Gewölbe. Personen

mit »Herzfehlern« oder Schwangeren wird deshalb auch vom Besuch des historischen Kanalnetzes abgeraten. Er steht unter dem Motto »Ein Schatten, eine Stimme, ein Schuss« und hat nicht das Elend der Obdachlosen, sondern das Filmspektakel *Der dritte Mann* zum Thema. Denn dieser be-

rühmte Spielfilm wurde 1948 in den Abwasserkanälen Wiens gedreht, das Drehbuch stammte von Graham Greene, und unvergessen bleibt Orson Welles in der Hauptrolle des Penicillin-Schmugglers Harry Lime.

Ein bisschen Elend kommt dann aber doch zur Sprache, wenn der Mitarbeiter der Stadtwerke erzählt, dass die Arbeit hier unten nicht ungefährlich sei. Weil sich manchmal beim Kanalräumen per Hand im Morast die Spritzenbestecke der Drogenabhängigen finden, die sich oben am Esperantopark treffen. Ansonsten aber ist es hier unten friedlich, die Führung geht durch schmale Schächte, führt zu einem größeren Raum mit Sinkbecken – hier setzt dann auch die *Dritte-Mann*-Inszenierung ein – und mündet schließlich im großen Gewölbe des Wienkanals, der sich vom Stadtpark aus unter dem Naschmarkt mehrere Kilometer lang hinzieht.

Die Wiener Kanalisation und der *Dritte Mann*, das sind auch die Themen der Historikerin Brigitte Timmermann, die eine andere, zweieinhalbstündige Führung durch die Unterwelt organisiert. Diesmal mit brennenden Fackeln und Taschenlampen »bewaffnet«, geht es ganz »klassisch« durch eine Litfaßsäule hinab in das Dunkle. Und lässt man die Wendeltreppe hinter sich, so führt uns ein Gang hinaus zu dem mächtigen Wienkanal. In der Mitte der sogenannten »Sohle« fließt leise gurgelnd das Wasser, ansonsten herrscht Totenstille. Das Licht der Fackeln erhellt nur mühsam die Wände des 25 Meter breiten Kanals, ab und zu tropft Wasser von der Decke, die weit oben im Dunklen liegt. Mit vorsichtigen Schritten bewegt sich die Touristengruppe vorwärts, denn der Untergrund ist

An die 2000 Kilometer begehbare Kanäle weist der Untergrund von Wien auf, insgesamt zählt das Kanalisationsnetz eine Länge von rund 5000 Kilometern. Bereits 1850 konnten die Stadtväter der Donaumetropole mit Stolz auf ein gut funktionierendes Kanalsystem blicken. Städte wie Berlin oder München sollten erst sehr viel später ein modernes Abwassersystem erhalten. Der Grund für den in der Regel recht teuren Bau der Kanalisationsnetze lag in den im 19. Jahrhundert immer wieder in Europa auftretenden Choleraepidemien, die fast schlagartig über die Städte hereinbrachen. Denn bis zum Bau der Kanalisation verbreiteten die in die Gassen gespülten Fäkalien nicht nur einen mörderischen Gestank, sondern verunreinigten auch das Grundwasser und führten so zu tödlichen Krankheiten. Heute landen täglich mehr als 500.000 Kubikmeter Abwässer im Wiener Kanalnetz. Zum Thema *Der dritte Mann* gibt es verschiedene Führungen.

abfallend, feucht und von Rinnsalen durchzogen. Und dies ist auch das richtige Ambiente, um die Welt des *Dritten Mannes* auferstehen zu lassen. Man erfährt zum Beispiel, dass extra aus London Scheinwerfer eingeflogen wurden, da die in Wien vorhandenen Filmleuchten nicht ausreichten, um den Kanal für das Zelluloid genügend zu erhellen. Man erfährt, dass Orson Welles sich ziemlich »grantig« gab, wie es im Wiener Dialekt heißt, da im Winter gedreht wurde und ihm die Kälte nicht behagte. Man erfährt auch, dass der berühmte Schauspieler in dieser und jener Szene gedoubelt wurde und weitere Details zu den Dreharbeiten, auch dass sich die berühmte Filmmelodie von Anton Karas seinerzeit zu einem musikalischen Exportschlager Österreichs entwickelte. Mittlerweile gibt es eine regelrechte Fangemeinde rund um das Thema, sodass die Führungen stetigen Zulauf haben. Zwischendurch drängen sich die Teilnehmer der »Unterwelt-Expedition« in schmale Seitenkanäle und sind dann wieder froh, der klaustrophobischen Enge zu entkommen.

Brigitte Timmermann erzählt aber auch von den Menschen, die im Kanalnetz ein kärgliches Dasein fristeten und sich mit dem Einsammeln von Metall oder Lumpen über Wasser zu halten versuchten. Denn die Wiener Unterwelt war nicht nur die Welt der Nagetiere und Kanalarbeiter, sondern auch die Welt derjenigen, die »oben« keinen Platz finden konnten. Der Bericht des Journalisten Emil Kläger über die *Wiener Quartiere des Elends und Verbrechens* aus dem Jahre 1908 ist eine der ersten Schilderungen aus dieser Welt der Obdachlosen und Vagabunden, der kleinen Diebe und Gauner. Nicht nur mit Schlagring und Revolver, sondern auch mit Blitz-

licht und Kamera ausgerüstet, stieg er zusammen mit dem Fotografen Hermann Drawe 1904 in die Kanäle hinab. Was sie fanden, waren mehr oder weniger zerlumpte Gestalten, die hier einen Unterschlupf gefunden hatten, die auf Zeitungspapier ein Nachtlager errichteten oder sich an einem Feuer wärmten: »Still waren die Menschen alle. Nach einigen Minuten erhob sich ein junger Bursche halb vom Boden. In seinem bleichen Kindergesicht stand der Stempel der Tuberkulose. Er lallte mit heiserer Stimme und verschlafenen Augen: ›Habt's an Tschick?‹ (Zigarrenstumpf) und warf sich, ohne eine Antwort abzuwarten, wieder auf sein Lager nieder. In all diesen Gesichtern stand der Hunger.« In einigen der Gänge lagen Haufen von altem Eisen herum, und über jedem dieser Haufen waren die Namens-Initialen der »Eigentümer« in großer unsicherer Schrift an die Mauer gemalt.

Unter dem Schwarzenbergplatz befand sich eines der größten unterirdischen Quartiere, die sogenannte »Zwingburg«. Oberhalb des Sammelkanals lag der Eingang zu dieser Kammer, die mit einer Art Zugbrücke gesichert war. Bei den gelegentlichen Polizeirazzien unter Tage zogen die Obdachlosen das Brett zurück und waren somit für die Wachleute nicht mehr erreichbar. Außerdem gab es von der »Zwingburg« aus wie bei einem Dachsbau unzählige Fluchtgelegenheiten durch kleinere Kanäle. Die Fotografien aus dieser Unterwelt, geschossen von dem Strafrichter Hermann Drawe, gehören zu den frühen Zeugnissen einer sozialdokumentarischen Fotografie.

MÄNNERINDIKATOR: *Der dritte Mann* ist Spannung pur. Wien nach dem Krieg, Schieber, Gauner, Kriminelle, Militärs, Liebe, die Kanäle der Unterwelt – hoher Tunnel- und Gruselfaktor.

23

DAS STILLE FLIESSEN DER ZEIT

BEOMEOSA-TEMPEL, SÜDKOREA

Mächtig hallen die Schläge auf die große Trommel durch die Dunkelheit. Hier im Beomeosa-Tempel im Süden Südkoreas ist es jetzt drei Uhr nachts, im 6000 Kilometer entfernten Deutschland beginnt gerade das TV-Abendprogramm. Die Trommelschläge sind das Signal für die buddhistischen Mönche, sich zum morgendlichen Gebet zu versammeln. In langen Reihen streben sie der großen Gebetshalle zu, um sich im Duft von Räucherstäbchen dem Ritual der 108 Kniefälle hinzugeben – als Ausdruck des Respekts vor Buddha und den Leiden des Lebens. Mit dabei im Gebet: etliche westliche Besucher.

Temple stay – also »Aufenthalt im Tempel« – nennt sich ein Angebot von buddhistischen Tempeln in Südkorea, das es einem ermöglicht, einige Tage in Meditation und Ruhe unter den Mönchen zu verbringen. Entstanden ist die Idee während der Fußballweltmeisterschaft 2002, als die Tempel der Regierung in Seoul ihre Hilfe bei Übernachtungen anboten. Inzwischen nehmen immer mehr Menschen die Möglichkeit wahr, für einige Tage »auszusteigen«.

Möglich ist dies eben zum Beispiel im Beomeosa-Tempel auf den Hügeln über der südlichen Millionenmetropole Busan. Das weitläufige Kloster geht zurück auf das Jahr 678, und wer es betreten will, muss zunächst die traditionellen drei Tore durchschreiten. Das erste Tor symbolisiert die

Grenze zwischen der irdischen und der geistigen Welt, hier soll der Besucher seine weltlichen Angelegenheiten zurücklassen. Das zweite Tor wird von vier grimmigen Wächtern aus Holz bewacht, die böse Geister abschrecken sollen. Das dritte Tor schließlich ist das Tor der Segnung, dahinter liegen in lieblicher Landschaft die jahrhundertealten Tempel und Pagoden.

Durchschritten haben diese Tore neben den Mönchen und den vielen Tagestouristen auch rund 30 westliche Besucher, die im Rahmen des *temple stay* etwas länger bleiben wollen. Erster Schritt dahin ist das Anlegen der Mönchskleidung. Einfach geschnitten und von schlichter Art, ist das klösterliche Outfit durchaus bequem. Das war nicht unbedingt zu erwarten, setzt doch der Klosterprospekt eher auf Abschreckung: »Am Ende des Aufenthaltes schmerzen die Glieder von über 100 Kniefällen. Die Finger sind noch verklebt vom Lampionbasteln. Das Gewand hat Flecken vom ausgiebigen Sichhinwerfen, Besenfegen und Hügelsteigen. Die Nacht auf der Matte im Schlafsaal war hart.«

Ein Tempel-Aufenthalt dauert zwischen einem und vier Tagen, der Preis pro Tag liegt zwischen 20 und 30 Euro. Mittlerweile bieten 43 der insgesamt rund 7000 Klöster und Tempel in Korea diese Möglichkeit an. Die Unterbringung ist nach Männern und Frauen getrennt. Rauchen und Alkohol sind verboten. Informationen unter: german.visitkorea.or.kr.

Nun, ganz so schlimm wird es nicht. Man deponiert seine Sachen in einem kleinen Schrank und nimmt sich eine Matte in einem der vier Schlafsäle. Chul Wong Seon kümmert sich um die Tempeltouristen. »An die 30 bis 40 kommen jeden Monat hierher«, erzählt er, »darunter viele aus Deutschland.« Unser Dolmetscher übersetzt das für uns ins Englische, seine Figur ist einem Panda-Bären nicht unähnlich, aber er ist sehr gebildet und hat sogar *Narziss und Goldmund* von Hesse gelesen. »Güldemund« spricht er den Titel aus.

Bei einem *temple stay* muss man sich allein vom Tagesablauf her umstellen: Wecken wie erwähnt um drei Uhr nachts, dann Beten bis vier Uhr, gefolgt von eineinhalb Stunden Meditation. Anschließend »spirituelles Gehen«, in sich gekehrt. Frühstück gibt es erst um sieben Uhr. Ja, das Essen – man wird schon daran erinnert, dass man am Tor eins die weltlichen Dinge hinter sich gelassen hat. Ist ein koreanisches Mahl an sich bereits gewöhnungsbedürftig, stellt das Tempel-Essen noch einmal eine weitere Prüfung dar. Reis, Wasser, Gemüse – dies alles in der Absicht zubereitet, ja keine Körpersäfte in Wallung zu bringen und Leidenschaften hervorzurufen. Es schmeckt also so, dass man sich gern auf das Jenseits konzentriert. Dafür ist die Nahrungsaufnahme in eine Zeremonie eingebettet, die ihresgleichen sucht: die Benutzung und Anordnung der vier Schalen, die Reihenfolge der Speisen, das Säubern der Schalen mit Wasser, all das ist genau festgelegt. Es wird geschwiegen. »Ich betrachte dieses Mahl als Medizin, um meinen Körper zu unterstützen und die Erleuchtung zu erlangen«, erklärt einer der Mönche später die Leitideen des Rituals. In der Hauptstadt Seoul hat Kim Yon Shik, ein ehemaliger Mönch, mit seinem Restaurant »Sanchon« die Tempelküche sogar erfolgreich gastronomisch verwertet.

Auch viele weitere Tätigkeiten während des Tempelaufenthalts sind durch ihre Ritualhaftigkeit gekennzeichnet: Selbstverständlich das Beten, wobei man auch als Nicht-Buddhist die 108 Kniefälle eigentlich ganz gut übersteht, man muss es ja nicht übertreiben. Und das Tee-Kochen und -Zubereiten, das an sich schon einer Meditation gleicht. Oder das rituelle Fegen mit dem Reisigbesen.

All diese Tätigkeiten brauchen Zeit, und diese fließt hier langsam und ruhig wie ein stiller Fluss. Es ist ein himmelweiter Unterschied zum eigenen Alltag in Europa und auch zum Alltag in Südkorea. Die Tempel sind wie eine Oase in einem Meer der Hektik und Dynamik. Das asiatische Land hat eine enorme Modernisierung hinter sich, die Industrie ist in den vergangenen Jahrzehnten gewaltig gewachsen und die Worte *Bally, Bally!* hören koreanische Kinder und Schüler jeden Tag. Gemeint ist: Dalli, dalli! Zwischen den noblen Hotelzimmern in Seoul, bei denen man fast einen Führerschein braucht, um das elektronische Luxusklo mit Föhn, die Zimmerbeleuchtung und die elektrisch betriebenen Vorhänge zu bedienen, und den Matten hier im Tempelschlafsaal liegen ganze Welten. Südkorea gibt sich sehr effizient und sehr westlich. Wer das alte Korea kennenlernen will, der ist mit einem *temple stay* gut beraten. Außerdem schmeckt nach zwei oder drei Tagen selbst das normale koreanische Essen dann hervorragend.

MÄNNERINDIKATOR: Einmal aussteigen aus der Tretmühle des Lebens. Und einsteigen in die Tretmühle des Klosters? Nein, so schlimm ist es nicht. Hoher Ich-konzentriere-mich-auf-das-Wesentliche-Faktor.

24

DAS MUSEUM DER SPIONE

TAMPERE, FINNLAND

Heute stehen *Jauhelihapihvi* mit *Perunamuusi* auf der Mittags-Speisekarte des kleinen Restaurants »Elsa« in der Otavalankatu-Straße Nr. 10 – also Hackfleischbällchen mit Kartoffelbrei. »Sie ist nicht zu groß, aber auch nicht zu klein, gerade richtig«, meint Harri Hakala, der mit seiner Frau seit vier Jahren das Lokal betreibt. Der 44-Jährige spricht aber nicht von seiner Speisekarte, sondern über Tampere, die drittgrößte finnischen Stadt, im Süden des Landes gelegen. Umgeben von viel Wald und vielen Seen. »Das ist gut für das Fischen«, meint Harri noch, bevor er sich wieder hinter die Theke begibt.

Tampere mit seinen rund 200.000 Einwohnern liegt auf einer Landzunge, die die beiden Seen Näsijärvi und Pyhäjärvi voneinander trennt. Durch die Stadt fließen von einem See in den anderen über eine Strecke von etwa einem Kilometer die Stromschnellen Tammerkoski, die mit ihrer Wasserkraft einst die mächtigen Fabriken der hiesigen Textil,- Maschinenbau- und Papierindustrie versorgten. Lange Zeit galt Tampere als das Manchester Finnlands, eine Stadt der rauchenden Schlote, Arbeiter und Fabrikanten. Wie im Ruhrgebiet sind diese Zeiten allerdings seit den 1970er-Jahren auch hier vorbei, doch übrig gebliebenen sind die weitläufigen Backsteinbauten der ehemaligen Fabriken. Und hier werden inzwischen keine materiellen Güter mehr produziert, sondern Kultur. In den ehemaligen Fertigungshallen finden sich heute

neben Restaurants, Friseursalons und trendigen Läden auch Theater und – Museen. Rund 20 davon gibt es in der Stadt, und manche von ihnen sind in der Tat (fast) einmalig.

So wie das Spionage-Museum, das sich als das Erste seiner Art bezeichnet. Untergebracht ist es in den Gebäuden der ehemaligen Textilfabrik Finlayson, benannt nach einem Schotten, der 1820 hier eine Baumwollspinnerei gründete. »Das Museum bietet einen einzigartigen Einblick in die technische Welt der Spionage, in weltbewegende Geschehnisse und Menschenschicksale«, lautet die Eigenwerbung des privat geführten »Suomen Vakoilumuseo«. Besichtigen lassen sich dann auch als Aschenbecher getarnte Abhörgeräte, Füller mit versteckter Kamera, ein »Agafon«, also ein Aufnahmegerät der Stasi aus der Botschaft der DDR in Finnland aus den 1950er-Jahren, oder das schwedische Chiffriergerät »Hagel C-38«. Auch Chiffriertechniken aus der Antike sind zu sehen, wie die auf Kopfhaut geschriebene Nachricht aus den Perserkriegen 400 v. Chr. Durch das nachwachsende Haar wurde die Schrift unsichtbar. Erzählt wird von Spionen wie Mata Hari oder Harold »Kim« Philby, und ausgestellt werden Lügendetektoren, Spazierstockwaffen oder der Arbeitstisch eines Aufklärungsoffiziers im Zweiten

Weltkrieg. Auch die wasserdichte Überlebenskarte der US-Air Force mit Notlandeplätzen auf dem Gebiet des Warschauer Paktes ist zu sehen, als nur eines von vielen Exponaten aus der Welt der Spionage.

Tampere ist eine ehemalige Industriestadt im Südwesten von Finnland. Adresse des Spionage-Museums: Spy Museum, Satakunnankatu 18, 33101 Tampere.

Um eine ganz andere Welt hingegen geht es im wenige Kilometer entfernten Arbeitermuseum »Alt-Amuri«. In diesem Viertel wohnten die Arbeiter der Fabriken von Tampere in Holzhäusern. Das Museum umfasst fünf Häuser und vier Hofgebäude und zeigt Wohnungen aus den 1880er- bis in die 1970er-Jahre. Um eine Gemeinschaftsküche herum, in der aber jede Familie ihr eigenes Süppchen kochte, gruppieren sich vier Zimmer, in denen jeweils eine meist kinderreiche Arbeiterfamilie lebte. Um mit den überaus engen Platzverhältnissen auszukommen, konnten die Bettgestelle der Länge nach zusammengeschoben und so verkürzt werden. Zur Nachtruhe wurden zudem Feldbetten aufgestellt, die man am Morgen wieder abbaute. Die Wohnungen aus den verschiedenen Epochen spiegeln die Lebensbedingungen der Bewohner wider. Von den kargen Einrichtungen zur Zeit des 19. Jahrhunderts bis zum Radiogerät in den 1950er-Jahren und schließlich dem Fernseher in einer Wohnung von 1970, in der die letzte Bewohnerin der Siedlung gelebt hatte, ist hier alles vorhanden. Zu besichtigen sind auch ein Konsumladen aus den 1930ern und ein Kurzwarengeschäft aus den 1940er-Jahren. Nach 1970 wurden die alten Arbeiter-Holzhäuser in diesem Viertel abgerissen und durch Neubaublocks ersetzt, nur die Museums-Häuser haben überlebt. Dort findet sich auch das Cafe »Amurin Helmi«, in dem es wunderbar nach frischen Kaffee und Gebäck riecht, sodass einem das Wasser im Munde zusammenläuft.

Viel mit Industrie und der Arbeiterbewegung hat auch das Lenin-Museum in Tampere zu tun. Es ist im Gewerkschaftshaus der Stadt untergebracht, wird von der Finnisch-Russischen Gesellschaft betrieben und bezeichnet sich heute als das weltweit einzige Lenin-Museum, das Besuchern regelmäßig offen steht. Hintergrund der Entstehung des Museums ist, dass in dem Gewerkschaftshaus in den Jahren 1905 und 1906 Konferenzen der Sozialdemokratischen Partei Russ-

lands stattfanden. In dem Saal, der heute als Museum dient, kam es zur ersten Begegnung zwischen Lenin und Josef Stalin. Lenin war seinerzeit Vorsitzender der Konferenz, Stalin noch einfaches Parteimitglied. Finnland stand damals unter der Herrschaft des russischen Zaren. Rund 13.000 Besucher kommen jedes Jahr in das finnische Lenin-Museum, um die beiden Ausstellungen »Lenins Leben« und »Lenin und Finnland« zu sehen. Gezeigt werden Dokumente, Fotografien und Briefe aus der Zeit, als Lenin sich in Finnland, meist im Untergrund, aufhielt. Ausgestellte Statuen, Büsten, Ölgemälde und Bücher waren offenbar Gaben der ehemaligen Sowjetunion. Das Museum verfügt auch über eine Sammlung, die nicht ständig zugänglich ist, darunter die Kollektion »Sowjet-Design«, eine Schenkung der finnischen Schriftstellerin Rosa Liksom. Durch das Museum gibt es Führungen, die ähnlich ausdauernd sind wie sowjetische Parteitage.

MÄNNERINDIKATOR: Wer Spionagefilme à la James Bond mag, für den ist das Spionagemuseum das richtige. Allerdings sollte man auch eine Portion Fantasie mitbringen, damit die Gegenstände lebendig werden. Hoher Spannungs- und Nervenkitzelfaktor.

25

DIE STADT DER UTOPISCHEN BAUTEN

ASMARA, ERITREA

Die Hitze ist heute nicht mehr so drückend wie gestern, es weht sogar ein leichter Wind. Nun ja, immerhin sind wir auf einer Höhe von 2300 Metern im Hochland von Eritrea, dem unbekannten und abgeschotteten Staat in Ostafrika. Das hier ist Asmara, die Hauptstadt des Landes, und am heutigen Sonntag ist nicht wirklich viel los: Der Autoverkehr in den Straßen ist ruhig, ab und zu ein paar Radfahrer, meist sind Fußgänger unterwegs. Und Touristen, das kann man mit Fug und Recht sagen, sind hier eher die Ausnahme. Warum auch sollte man in ein Land kommen, aus dem wegen der politischen Verhältnisse viele Menschen flüchten und in Europa landen? Vielleicht wegen der Tankstelle von Giuseppe Pettazzi. Nicht weil man gerade unbedingt tanken muss oder eine Toilette sucht. Sondern weil das 1938 im Stil des Futurismus errichtete Gebäude »Fiat Tagliero« an ein Flugzeug erinnert: Die sich nach außen verjüngende Überdachung rechts und links mit eines Spannweite von insgesamt 30 Metern mutet wie Tragflächen an, in der Mitte die Glasfenster einer »Steuerkanzel«, darüber das hoch aufragende »Leitwerk« aus Beton, mit einem roten Pfeil, der nach unten weist. Das Gebäude ähnelt dem italienischen Bombenflugzeug Caproni Ca. 101 aus den 1930er-Jahren. 2017 wurde das leer stehende Gebäude von der UNESCO als Weltkulturerbe anerkannt.

In Asmara finden sich noch etliche derartig futuristischer Bauten. Sie erinnern an eine jedenfalls in Deutschland kaum bekannte Ge-

schichte: an die Zeit, als Italien in Ostafrika Kolonien gründete. Die Bauten der Moderne aus den 1920er- und 30er-Jahren in der Stadt sind das Erbe aus dieser Kolonialzeit, die 1941 im Zweiten Weltkrieg mit dem Vormarsch der Briten zu Ende ging.

Der heutige Staat Eritrea wurde 1993 nach einem langen Kampf für die Unabhängigkeit von Äthiopien gegründet und wird von Politikern der Eritreischen Befreiungsfront regiert. Doch noch immer schwelt der Grenzkonflikt mit dem Nachbarstaat, innenpolitisch trat eine 1997 ausgearbeitete Verfassung nie in Kraft. Eritrea spielt auf dem internationalen Parkett der Politik eine isolierte Rolle, viele Junge flüchten aus dem Land.

Wer hineinwill, kommt meist über den internationalen Flughafen in Asmara, der zum Beispiel von Kairo oder Dubai angeflogen wird. Die Stadt selbst wirkt angenehm entspannt. Wer will, kann eine Städtetour mit dem Rad buchen. Oder in der Eisdiele »Da Fortuna Gelato« italienisches Eis schlürfen. Wer nach Exotik in einem exotischen Land sucht, kann im einzigen indischen Restaurant des Lan-

Info: Zu Asmara gibt es eine Reihe von Büchern, die sich mit Architektur beschäftigen, zum Beispiel von Vera Simone Bader: *Moderne in Afrika. Asmara 1889–1941*, Berlin 2016.

des, dem »Roof Garden«, speisen. In der »American Bar« beim Opernhaus gibt es Hamburger. Eritreische Restaurants gibt es natürlich auch, das »Dankur« zum Beispiel.

Doch wegen des Essens kommt niemand her, das ist klar. Wenden wir uns also den wahren Highlights der Stadt zu: der Architektur. Und dazu braucht es einen kleinen Ausflug in die Geschichte. Ähnlich wie das Deutsche Reich war Italien erst relativ spät – 1861 – zu einem geeinten Nationalstaat geworden und versuchte im letzten Viertel des 19. Jahrhunderts ein Kolonialreich zu etablieren. 1890 bildete die Errichtung der Kolonie in Eritrea den Ausgangspunkt für das spätere Italienisch-Ostafrika, das neben Eritrea auch Somalia und Teile von Äthiopien umfasste. In der Zeit des Faschismus unter Benito Mussolini wurde Asmara als koloniale Hauptstadt und als Sprungbrett für die Eroberung Äthiopiens aufgebaut, und zwar im Stil des zeitgenössischen Futurismus, aber auch des Razionalismo, der Architekturrichtung des Faschismus. Die Stadt bekam breite Straßen, imposante Gebäude, Cafés, Restaurants, Fabriken und Tankstellen. Junge Architekten erprobten ihre Fähigkeiten und konnten ihre Pläne verwirklichen. Asmara gilt heute als ein architektonisches Juwel der Moderne, und nur in Miami/Florida findet sich eine ähnliche Ansammlung von Art-déco-Gebäuden.

Dazu gehören zum Beispiel die auffälligen Formen der Kinotheater in Asmara. 1936 gab es bereits sechs Kinos für die italienische Bevölkerung, der so ein großstädtisches Lebensgefühl vermittelt werden sollte. Das größte dieser Lichtspielhäuser ist das Cinema Odeon von 1937, darin eine Bar mit cremefarbener Holzvertäfelung und matt glänzenden Aluminiumregalen. Zu den Kinobauten gehören auch

das Cinema Excelsior, das Cinema Roma oder das Cinema Augustus. Doch die ganze Innenstadt ist voll von Wohn- und Geschäftsbauten aus dieser Zeit, sei es das heutige Ministerium für Landwirtschaft und Umwelt, das heutige Haus der Nationalen Frauengewerkschaft oder das Hotel »Selam«. Durch Asmara weht so an jeder Ecke der Geist einer Architektur der Moderne, was jetzt auch von der UNESCO gewürdigt wurde.

MÄNNERINDIKATOR: Ungewöhnliche Stadt – sowohl was die Architektur als auch die politischen Verhältnisse betrifft. Hoher Entdeckungs- und Unbekanntheitsfaktor.

26

MIT DER ENFIELD DURCH RAJASTHAN

UDAIPUR, INDIEN

Da steht sie und wartet auf den Fahrer: eine 500er Royal Enfield, ganz in Schwarz. Mit ihr geht es die nächsten 14 Tage durch Rajasthan, ein Land wie aus *1001 Nacht* im Norden Indiens. Die Region nahe der Grenze zu Pakistan besteht zu großen Teilen aus Wüste, dazwischen liegen an den alten Handelsstraßen Städte wie Jaisalmer, Udaipur und Bikaner. Es sind Städte wie aus dem orientalischen Märchen, mit weißen Palästen, mittelalterlichen Festungen und farbenfrohem Bazar-Getümmel. Wir sind eine kleine Gruppe, die von einem Allradfahrzeug und einem Mechaniker begleitet wird – und das ist gut so. Denn der erste Kontakt mit der Enfield erweist sich als nicht unproblematisch: Wie, verflixt noch mal, bringt man diese Dinger mit dem Kickstarter zum Laufen? Man muss dazu wissen: Die Enfield stammt aus indischer Produktion, ist der Nachbau eines britischen Motorrads, und die Technik stammt noch aus den 1960er-Jahren. Also Abenteuer pur! Hinzu kommt: Die Schaltung sitzt rechts, die Fußbremse links. Ungewohnt, aber der Mensch ist ja flexibel.

Dann sind wir so weit, dass Mensch und Maschine eine Einheit bilden können, und wir wagen uns hinaus auf die Straße: Das Abenteuer Indien beginnt. Und zwar auf der linken Seite, es herrscht – wie in England auch – Linksverkehr. Wir starten von dem kleinen Örtchen Jhunjhunu, und die Fahrt geht zunächst über holprige Nebenstraßen. In den Dörfern erwartet uns eine erste Überraschung: In der Nacht hat es geregnet (was eher selten vorkommt), und jetzt stehen alle Schlaglöcher voll Wasser. Bei der Durchquerung eines der kleinen Seen hilft dann nur Hoffen oder Beten: Lass jetzt bitte nicht die Maschine absaufen! Doch wir lassen ohne Panne das Städtchen hinter uns und tuckern die Landstraße

Richtung Bikaner entlang. Wir bekommen einen ersten Eindruck davon, was sich hier so alles auf der Straße bewegt: Autos, Wasserbüffel, Lkw, Ochsenkarren, Fahrradfahrer, Ziegen.

Bikaner ist eine für indische Verhältnisse kleine Stadt von 500.000 Einwohnern, die wir nach einer Übernachtung am nächsten Morgen wieder verlassen. Städte, das wissen wir mittlerweile, sind für den Motorradfahrer eine echte Herausforderung. Man teilt sich die Straße mit heiligen Kühen, Motorradrikschas, unendlich vielen Fußgängern und zahllosen Straßenhändlern. Nachdem wir dieses Gewühle hinter uns gebracht haben, kommt uns die Überlandstraße mit ihrem Bus- und Lkw-Verkehr geradezu leer vor. Vor uns liegen gut 300 Kilometer, bis wir in der Wüstenstadt Jaisalmer eintreffen werden. Und in der Tat ändert sich langsam der Charakter der Landschaft: Büsche und Bäume werden weniger, der Boden wird steiniger. Wir passieren eine Straßenbaustelle und wundern uns, dass hier vor allem Frauen arbeiten. Bekleidet mit leuchtendfarbigen Saris tragen sie auf ihren Köpfen schwere Körbe voll mit Erde.

Rajasthan – das Land der Könige – ist ein indischer Bundesstaat im Nordwesten des Landes, der an Pakistan grenzt. Die Einwohnerzahl beträgt fast 70 Millionen. Der Nordosten des Bundesstaates ist geografisch durch die Thar-Wüste bestimmt. Rajasthan gilt als eines der farbenprächtigsten und ursprünglichsten Gebiete Indiens. Einige Veranstalter bieten geführte Motorradreisen an, zum Beispiel: www.wheelofindia.de.

Schließlich fahren wir an den ersten Sanddünen vorbei, hier wachsen nur noch Dornensträucher. Da die Sonne unerbittlich herunterbrennt, steuern wir alsbald eine der Highway-Raststätten an. Das ist freilich nicht sehr viel mehr als eine Bretterbude mit Stromanschluss. Hier gibt es den obligatorischen Tschai, einen heißen, süßen Tee mit Milch. Aber auch die eisgekühlte Limo. Wer Hunger hat, kann sich aus einem der sechs Blechtöpfe über dem Feuer einen Teller füllen lassen. Zum Beispiel mit Dahl, dem üblichen Linsengericht. Vorher wird der Blechnapf mit einem Lappen gesäubert, den man gar nicht näher besehen will – das Wort Hygiene sollte man auf einer Indien-Tour für ein paar Wochen vergessen. Und natürlich sind wir, kaum haben wir den Zündschlüssel von der Enfield gezogen, von einer Menschenmenge umringt, die staunend und neugierig die Motorradfahrer beguckt und die Maschinen befingert. Man ist in Indien nie allein, und selbst auf der verlassensten Landstraße tauchen bei einem Stopp garantiert nach fünf Minuten mindestens drei Inder aus der Landschaft auf.

Jaisalmer schließlich ist eine Stadt wie aus dem orientalischen Märchen. Mit einer mächtigen Burg, deren Mauern in der Abendsonne rötlich leuchten. Mit mittelalterlichen Gässchen, in denen sich ein Händler neben dem anderen reiht und wo vom reparierten Feuerzeug bis zur Schaumstoffmatratze alles angeboten wird. Von hier aus starten wir in Richtung Süden. Inzwischen begegnen uns auf der Straße die ersten Kamele. Sie sind vor zweirädrige Karren gespannt, und manche ziehen riesige Heuberge hinter sich her. Unsere Enfields haben sich mittlerweile anscheinend eingelaufen, größere Pannen bleiben aus, nur ab und zu lockert sich der Gepäckträger oder ein sonstiges Teil, und die Schrauben müssen nachgezogen werden. Problematisch aber sind noch immer die voll beladenen Busse und die Lkw. Kommen uns die entgegen, heißt es für uns meist: ab auf den Seitenstreifen, also in die Wüste. Unsere Bikes brummeln schließlich an einem Militärflugplatz vorbei, die Grenze zum ungeliebten Nachbarn Pakistan

ist sehr nahe. Und die Wüste Thar wird immer wüster, die Piste ist nur noch von Dornensträuchern und Kakteen gesäumt.

Am Spätnachmittag dann erreichen wir Udaipur und stehen plötzlich mit den Motorrädern vor einer großen unbebauten und mit Gras bewachsenen Senke inmitten des Häusergewirrs. Das war einmal der berühmte Pichhola-See von Udaipur, aber nach fünf Jahren Trockenheit ist nur mehr ein Tümpel am Rande übrig geblieben. Auf dem einstigen Seegrund treiben sich nun Wasserbüffel, Ziegen und ein paar Elefanten herum. Praktisch aber – das Hotel liegt am anderen Ufer, und so fahren wir durch den ehemaligen See hindurch die Staubpisten entlang. Am Abend lassen wir es uns nicht nehmen, zu Fuß bis zu dem berühmten und noblen »Lake Palace Hotel«, dem ehemaligen Sommerpalast des Maharadschas, zu gehen, das eigentlich auf einer kleinen Insel liegt. Als der See noch Wasser führte, wurden hier die Szenen für den James-Bond-Film *Octopussy* gedreht, den man sich in den Kneipen der Stadt ansehen kann. Und so sitzen wir in einem der Dachterrassen-Restaurants und genießen den Blick über die Altstadt mit ihrem Gewirr an kleinen Gässchen, während die Abendsonne die alten Mauern leuchten lässt.

MÄNNERINDIKATOR: Schweiß, Staub, Benzin, endlose Wüste, Durchfall – eine Fahrt mit dem Motorrad durch Rajasthan ist ein wirkliches Abenteuer (bitte alle Aufmerksamkeit zusammennehmen, um Unfälle zu vermeiden!). Hoher Exotik- und Expeditionsfaktor.

27

MONDRAGÓN – DER DRACHE AUS DEM BASKENLAND

BASKENLAND, SPANIEN

Bilbao ist eine lebendige Hafenstadt im spanischen Baskenland, und hier gibt es auch Kunst: Seit 1997 ziert das Guggenheim-Museum die Stadt. Spektakulär daran ist sowohl die Architektur als auch die Außenwand, die aus Titanplatten besteht. Diese Platten wurden in einem der bemerkenswertesten Industrieunternehmen Spaniens gefertigt: beim Genossenschaftsverbund Mondragón. Darin sind viele einzelne Genossenschaften zusammengeschlossen, und das Besondere ist: Die Unternehmen gehören praktisch ihren Mitarbeitern und sind trotzdem erfolgreich, ja können Krisen besser überstehen als herkömmliche Firmen.

Und deshalb pilgern auch jedes Jahr viele interessierte Besucher hier in die Region südwestlich von Bilbao. Eine Gegend, zerklüftet durch mehrere Täler, in denen sich qualmende Industrieunternehmen und eng stehende Wohnhochhäuser drängen. Es ist eine von Industrie geprägte Region, in der schon seit mehreren Jahrhunderten Eisenerz abgebaut und Metall verarbeitet wurde, eine Art Ruhrgebiet im Norden Spaniens. Nur eben mit Kühen und Schafen auf sanft gewellten Hügeln rund um die Industrieansiedlungen. Und mit Einwohnern, deren Eigensinn an die Bayern und deren Erwerbssinn an die Schweizer erinnert.

Im Mittelpunkt des internationalen Interesses stand Mondragón auch damals, Anfang der 80er-Jahre, als die Weltwirtschaft schweren Schnupfen bekam und wieder einmal das Gespenst der Massenarbeitslosigkeit in Europa auftauchte. Auch die Kooperativen aus dem Baskenland wurden von der Rezession erfasst, etliche Betriebe rutschen in die roten Zahlen. Einige mussten sogar die Werkstore schließen. »Doch«, schrieb damals Kenneth R. Hoover, Professor an der Western Washington University, »die Wahrscheinlichkeit, in einem wirtschaftlichen Abschwung zu scheitern, ist für Mitarbeiter-Betriebe deutlich geringer als in der übrigen Wirtschaft.« Zudem würden die Kosten der Rezession gerechter verteilt.

Während im Baskenland 150.000 Menschen arbeitslos wurden, überstand Mondragón die Krise: Nicht ausreichend zu beschäftigende Mitarbeiter wurden auf andere Kooperativen aufgeteilt, die Arbeitszeiten flexibel über das Jahr gestreut, die genossenschaftseigene Bank Caja Laboral half mit günstigen Krediten. Seitdem gilt der Genossenschaftsverband als vielversprechendes Modell sozialen Wirtschaftens, der seit Anfang der 1990er-Jahre einen ungewöhnlichen Erfolgskurs fuhr. 2013 aber erwischte die Wirtschaftskrise auch Fagor, den Hersteller von Haushaltsgeräten innerhalb des Genossenschaftsverbandes. Der wollte diesmal nicht mehr mit weiteren Krediten aushelfen, das Unternehmen und seine Standorte im Ausland beantragten Insolvenz und wurden schließlich verkauft.

Die Genossenschaft hat auch heute noch ihren Sitz in der Kleinstadt Mondragón in der baskischen Provinz Gipuzkoa, wo sie einst gegründet wurde. Sie gilt als weltweit größter Zusammenschluss von Industriekooperativen. Mondragón liegt rund 50 Kilometer südöstlich von Bilbao, der größten Stadt der Region.

Die Mondragón Corporación Cooperativa (MCC) – *Mondragón* steht für »Drache« – ist in drei große Bereiche unterteilt: Im Industriebereich findet sich die Produktion von Halbleitern, Autoteilen, Pressstraßen oder Werkzeugmaschinen. Der Finanzbereich umfasst die Bank Caja Laboral mit 270 Filialen sowie die Pensions- und Krankenkasse Lagun-Aro. Im Handelsbereich steht an erster Stelle die Supermarktkette Eroski, die mittlerweile auch Ableger in Frankreich unterhält. Und Mondragón hat jede Menge Arbeitsplätze geschaffen: Heute zählt man an die 74.000 Mitarbeiter, rund dreiviertel davon sind Genossen (1990 waren es noch rund 23.000 Mitarbeiter). Und von 1995 bis 2000 haben sich die Umsätze im Industrie- und Handelsbereich verdoppelt. 2015 machte Mondragón einen Umsatz von rund 12 Milliarden Euro.

Die Geburtsstunde des Genossenschaftskonzerns schlug 1956, als 24 Arbeiter und Ingenieure die Kooperative gründeten und vor allem preisgünstige Ölöfen produzierten. 15 Jahre zuvor war Pater Arizmendiarietta auf Anordnung seines Bischofs nach Mondragón gekommen. Er hatte als Journalist am Spanischen Bürgerkrieg aufseiten der Republikaner teilgenommen, die Kriegsgefangenschaft überlebt und war anschließend in die Kirche eingetreten. In Mondragón gründete er Mitte der 40er-Jahre eine Berufsschule. Und deren ersten Absolventen gründeten dann die Ofenfabrik – die Keimzelle von MCC.

Das wirtschaftliche und soziale Konzept von Pater Arizmendiarietta beruhte auf einer Mischung aus Utopie und Realitätssinn, einem Mix von Karl Marx und dem Marktbefürworter Adam Smith, zusammengehalten durch die katholische Soziallehre. Nicht das Kapital, sondern der arbeitende Mensch sollte im Vordergrund des Wirtschaftens stehen. Betriebliche Effizienz und demokratische Strukturen wurden nicht als Gegensätze gesehen, sondern vielmehr als sich gegenseitig bedingende Notwendigkeiten.

Dass der Pater sich nicht nur in himmlischen Sphären auskannte, zeigt auch die 1959 gegründete genossenschaftseigene Bank Caja Laboral. Vom Gesetz her mit einem halben Prozent Zinsvorteil bedacht, mehrten sich rasch die Einlagen und schufen so einen Kapitalstock, der die Gründung weiterer Kooperativen ermöglichte. Anfang der 80er-Jahre hatte Mondragón bereits 20.000 Mitglieder. In der MCC waren 85 Industriekooperationen, 43 Schulen, 40 Supermärkte, die Bank, ein Forschungsinstitut sowie die Kranken- und Rentenversicherung zusammengefasst. Heute sind im Verband 101 Genossenschaften organisiert.

Bei Mondragón sieht man realistisch und optimistisch zugleich in die Zukunft. »Das ist hier kein Paradies«, sagt etwa der Betriebssoziologe Mikel Lezamiz. »Wir sind Menschen mit Ideen und Problemen. Unsere Hauptaufgabe ist, den Ausgleich zwischen wirtschaftlichen und sozialen Erfordernissen zu finden. Es ist wahr, dass wir auf unserem Weg einige Ideale verloren haben, aber ich bin sicher, dass wir uns 95 Prozent dieser Ideale erhalten haben. Es gibt einige Widersprüche, aber ich glaube, dass in unserer Kooperative die Vor- die Nachteile überwiegen.«

MÄNNERINDIKATOR: Mal eine etwas andere Arbeitswelt – Industrieunternehmen, die den Mitarbeitern gehören und die den sozialen Auftrag auch in den Statuten festgeschrieben haben. Hoher Arbeitsethosfaktor.

28

DER UNHEIMLICHE VULKAN

SIZILIEN, ITALIEN

Er tut es immer wieder. Zum Beispiel im März 2017. Der Berg spuckte, und am Südostkrater bildete sich auf 3200 Metern Höhe ein Lavastrom. Zwei Wochen zuvor hatte der Ätna auf Sizilien wieder begonnen, aktiv zu werden, mehrere Menschen waren gar bei Explosionen verletzt worden. Der Flughafen Catania auf Sizilien musste geschlossen werden, weil eine Aschewolke aus dem Vulkan den Flugzeugen Probleme bereitet hatte. Mehrere Flüge wurden gestrichen oder umgeleitet.

Oben, nahe dem Gipfel, hören sich die Eruptionen, bei denen glühende Lava in die Luft gespien wird, wie schwere, dumpfe Schläge auf den Boden an. Es ist ein gewaltiges Schauspiel, wenn der Berg grollt. Der Ätna gilt als Europas mächtigster Vulkan, und mit seiner Höhe von 3352 Metern dominiert er weithin sichtbar die Ostküste Siziliens. An seinen Hängen geschieht immer wieder das gleiche Drama: Die Erde bebt, aus dem Vulkan fliegen Funken, die hochgeworfene Asche bildet Wolken und verdunkelt die Sonne, Lavaströme zerstören alles, was sich ihnen in den Weg stellt: Häuser, Bäume, Straßen. Seit Jahrtausenden bestimmt der Ätna das Geschick der Menschen in der Region. So hat dieser Berg auch seinen festen Platz in der Mythologie Siziliens.

Die Entstehung des Ätna begann vor rund 100.000 Jahren. Die Ursache dafür liegt in der besonderen tektonischen Situation Süditaliens. So ist der Untergrund Siziliens nicht stabil, verläuft doch südlich der Insel die Plattengrenze zwischen Afrika und Europa, und ein Teil der Afrikanischen Platte schiebt sich unter den europäischen Kontinent. Der Ätna in seiner heutigen Gestalt ist circa 3000 Jahre

alt. Damals hatte sich die vulkanische Tätigkeit nach Westen verlagert. Zu dieser Zeit waren die Ausbrüche des Vulkans wesentlich gewaltiger und dramatischer als heute. So wurde die von griechischen Pionieren gegründete Stadt Catania mehrmals durch Vulkanausbrüche zerstört, und diese Bedrohung begleitete die Sizilianer fortan durch die Geschichte. Am 28. Dezember 1908 kam es zum großen »Beben von Messina«, bei dem mehr als 100.000 Menschen starben. Auch Palermo, die Hauptstadt Siziliens, bleibt von Erdbeben nicht verschont.

Wer den Ätna bezwingen will, kann dies von Nicolosi aus tun. Die Stadt mit ihren 7000 Einwohnern ist der letzte Ort vor dem Vulkan und liegt auf 700 Metern Höhe. Wir mieten uns in einer etwas seltsamen Pension ein, deren Grundstück von einem hohen, massiven Zaun wie bei einem Hochsicherheitstrakt umgeben ist. Zwei Tage später verstehen wir, warum tagsüber die Betten in den Zimmern immer zerwühlt sind, wir aber keine Gäste sehen: Die Pension wird als Stundenhotel genutzt.

Der Aufstieg auf den Vulkan beginnt per Bus, der täglich von Catania über Nicolosi hinauf bis zum Rifugio Sapienza fährt, wo sich die Talstation der Seilbahn

Der Ätna ist einer der aktivsten Vulkane Europas und wird durch diverse Messstationen überwacht. Es kommt immer wieder zu Eruptionen und dem Austritt von Lavaströmen. Ausgangspunkt für eine Besteigung ist der Ort Nicolosi am Fuß des Berges.

befindet. Sie liegt auf 1900 Metern Höhe, und wer hier aus dem Bus steigt, hat eine Fahrt durch die schwarzen Lavafelder hinter sich, aus denen hie und da noch die Überreste von verschütteten Häusern herausschauen. Im Juli 2001 wurden die Seilbahn und mehrere Gebäude der Talstation durch einen schweren Vulkanausbruch zerstört, die Straße mit ihren vielen Kurven musste wieder neu angelegt werden. Das Rifugio Sapienza verfügt über einen großen Parkplatz, ein Restaurant und ein Hotel und ist Standort für private Bergführer. Mit der Seilbahn gelangt man für 30 Euro auf eine Höhe von 2500 Meter. Wer will, kann hier in einen der geländegängigen Busse einsteigen und so die letzten 400 Meter bis zum »Torre de Filosofo« überwinden. Das Gebäude wurde nach dem antiken griechischen Philosophen Empedokles benannt, der seinem Leben durch einen Sprung in den Vulkan ein Ende gesetzt haben soll.

Man kann die letzte Strecke aber auch zu Fuß bewältigen und durch die schwarze Asche der Route der Busse folgen. Auf 2900 Metern angekommen, entpuppt sich der »Torre de Filosofo« als eine innen kahle Schutzhütte. Aber immerhin dient sie als Zuflucht vor den kalten Winden in dieser Höhe. Denn der Wind weht heftig, und die Temperaturen liegen nur wenig über null Grad. Man sollte sich also von der mediterranen Wärme am Fuß des Berges nicht täuschen lassen und unbedingt festes Schuhwerk, warme Kleidung, Wollmütze und Handschuhe mitführen.

Wer sich in die Hände eines Bergführers begibt, kann noch näher an den Vulkan und den Berggipfel heran. Freilich nur, wenn das Wetter es zulässt. Beginnt der Ätna ernsthafter zu spucken, ist der Aufstieg ohnehin verboten. Die Tour zum Kraterrand dauert etwa eine Stunde. Der Abstieg erfolgt wieder über die schwarzen Lavafelder, und erneut beschleicht einen der Eindruck einer Mondlandschaft, aus der allerdings ab und zu ein paar Pflanzen hervorlugen. Manchmal produziert der Vulkan seltsame Rauchringe, die wie UFOs am blauen Himmel stehen.

Wer ausgehungert von der anstrengenden Bergtour zurück nach Nicolosi kommt, sollte sich übrigens dessen bewusst sein, dass viele italienische Restaurants erst spät am Abend öffnen. Denn dass die Familien ihr Abendessen erst um 22 oder gar 23 Uhr einnehmen, ist hier nicht ungewöhnlich.

MÄNNERINDIKATOR: Dumpfes Grollen, mondähnliche Landschaften, glühende Lava – eine Besteigung des Ätna ist ein multimediales Event und keine schlechte sportliche Übung. Hoher Naturgewaltenfaktor.

29
DIE VERGESSENEN MOND-FUNKANLAGEN

RAISTING, DEUTSCHLAND

Im Winter ragen sie wie graue Ungetüme aus der weißen Schneelandschaft, und die Kapelle »St. Johann im Felde« wirkt dagegen klein und unscheinbar. Krächzend steigen schwarze Raben auf und kreisen über den vier großen Satellitenantennen der Erdfunkstelle im oberbayerischen Raisting. Und hier ragt auch eine gewaltige weiße Kuppel in die Höhe – das Radom. Wie ein gelandetes UFO erhebt sich das Bauwerk aus der Landschaft des Pfaffenwinkels im Süden des Ammersees. Das Innere der Kuppel birgt eine mächtige Satellitenanlage, die von den 1960er-Jahren an die Telefongespräche zwischen der Bundesrepublik und Amerika übertrug. Zuvor hatte es nur das transatlantische Kabel am Grunde des Meeres gegeben. Drei Jahre lang dauerte die Fertigstellung, dann war das Radom (»Radardom«) 17 Jahre lang in Betrieb. Als es 1985 außer Dienst gestellt wurde, gab es für die Anlage keine Verwendung mehr, für 22 Jahre fiel sie in einen modernen Dornröschenschlaf. Bis 2007, als das Bauwerk zum »Technikdenkmal« erhoben wurde und 2009 sogar zum »Denkmal von nationaler Bedeutung«.

»Betreten verboten« steht an der Eisentür, in die eine Klappe mit merkwürdig herausragendem Stiel eingebaut wurde. »Das ist eine Schleuse wegen des Überdrucks«, sagt René Jakob. Er ist beim Landratsamt Weilheim-Schongau zuständig für »Sonderimmobilien« – und welche Immobilie könnte sonderbarer sein als diese riesige Kuppel am Ortsrand der 2000-Seelen-Gemeinde Raisting. Die Schleuse ist ein kahler, fünf Meter langer Gang, an dessen Ende sich wieder eine Tür mit Klappe befindet. Vorsichtig drückt Projektleiter Jacob dagegen, und schon spürt man den Überdruck von 0,8 bar in den Ohren. Dann öffnet er die Tür und gibt den Blick auf das Innere der Kuppel frei.

Nahezu 40 Meter hoch und mit einem Durchmesser von 45 Metern zeigt sich ein überwältigend großer Raum, dessen Mittelpunkt von der mächtigen Satellitenanlage mit ihren roten Eisenträgern eingenommen wird. Die gesamte Konstruktion, auf deren Spitze eine Satellitenschüssel mit einem Durchmesser von 25 Metern thront, ist drehbar und wird durch mehrere Elektromotoren in Gang gesetzt. Pro Sekunde überwindet sie so einen Winkel von 1,6 Grad. Oben, in dem sieben Meter über dem Erdboden befindlichen Betriebsraum, liegen noch ein paar alte Lochkarten auf einem Tisch herum. Sie dienten früher zur Steuerung beziehungsweise Nachführung der Satellitenschüssel, die so dem Funksatelliten am Himmel folgen konnte. Geostationäre Trabanten – so wie heute – gab es damals noch nicht.

Es war 1963, als der erste Spatenstich für den Bau der damals ultramodernen Kommunikationsanlage getätigt wurde. Fünf Jahre später, 1968, wurde sie mit der Installation des letzten Spiegeltrageelements fertiggestellt. Rechtzeitig genug, um im Juli 1969 den Bürgern vor den Schwarz-Weiß-Fernsehern die Mondlandung der amerikanischen Astronauten Neil Armstrong und Edwin Aldrin zu übertragen. »Das ist ein kleiner Schritt für einen Menschen, aber ein großer für

Die Satelliten-Bodenstation und das Radom liegen am Süden des Ammersees auf dem Gebiet der Gemeinde Raisting, etwa eine Autostunde südwestlich von München. Adresse: Hofstätterweg 1, 82399 Raisting. Über aktuelle Öffnungszeiten und Führungen informiert der Förderverein: www.radom-raisting.de.

die Menschheit«, dieser legendäre Satz von Armstrong kam über die Satellitenantenne von Raisting zu den deutschen Fernsehempfängern. Zur Olympiade 1972 in München ging es dann andersherum: Von Raisting aus wurden die Spiele in alle Welt übertragen.

Für das Bayerische Landesamt für Denkmalpflege ist die Antenne 1 der Erdfunkstelle Raisting ein Denkmal von herausragender nationaler Bedeutung, welches weit über die Landesgrenzen des Freistaats Bayern hinausstrahlt. Denn es stelle ein »hochrangiges, für Deutschland singuläres, bau- und technikgeschichtliches Zeugnis der modernen Kommunikationstechnik dar«. Raisting ist quasi »die deutsche Wiege der satellitengestützten Telekommunikation« in Europa. »Seine Architektur gehört zu den frühen Werken der rationalistischen Moderne in Bayern. Der Erhalt des Radoms als hochrangiges und für die deutsche Denkmallandschaft bedeutendes architektonisches wie technisches Denkmal hat für die bayerische Denkmalpflege hohe Priorität«, so fasste es im Jahre 2010 Professor Egon Greipl, damals Generalkonservator am Bayerischen Landesamt für Denkmalpflege, in Worte.

Die Kuppel des Radardoms umfasst an die 50.000 Kubikmeter Luft und erhält ihre Stabilität durch den Überdruck, den sechs Stützluftgebläse und acht an den Außenwänden des Rundbaus angebrachte Gebläse erzeugen. Und weil das 24 Stunden am Tag so geht, geht das ganz schön ins Geld. Allein auf 28.000 Euro pro Jahr beläuft sich die Rechnung für den Strom, der die Ansaugmotoren antreibt. Doch damit nicht genug. Die Kuppel muss auch ständig beheizt werden, im Winter auf bis zu 26 Grad Celsius, damit der Schnee auf ihr schmilzt. Strom und Öl, das summiert sich auf Energiekosten von 130.000

Euro pro Jahr, was rund zehn Prozent des Gesamtenergiebedarfs der Landkreisverwaltung ausmacht – die Anlage stammt noch aus einer Zeit, als Energiesparen ein Fremdwort war.

Das ursprüngliche Material der Kuppel – ein Polyestergewebe – stammte aus Buffalo in den USA und wog mit seinen 5200 Quadratmetern 14,5 Tonnen. Die neue Haut ist vier Tonnen leichter, stammt aus Fulda, wurde in Holland zusammengenäht und von einer bayerischen Firma installiert. Mit Kosten von 750.000 Euro machte sie sich im Sanierungsbudget von rund 3 Millionen Euro deutlich bemerkbar. Aufgebracht wurde dieses Geld vom Freistaat Bayern, vom Landkreis und von verschiedenen Sponsoren wie der Deutschen Stiftung Denkmalschutz.

Um die Immobilie zu verwalten, wurde eigens die Radom Raisting GmbH gegründet, eine gemeinnützige Gesellschaft, die sich zu 100 Prozent im Eigentum des Landkreises befindet. Zweck und Auftrag der GmbH ist allein der Erhalt, die Sanierung und der Betrieb des technischen Denkmals. 2001 gründete sich zudem der Förderverein Industriedenkmal Radom Raisting e. V. Der Verein hat heute rund 120 Mitglieder, die den weiteren Erhalt des Industriedenkmals sichern, unterstützen und mitgestalten möchten. Insbesondere ist es ein Anliegen des Vereins, das Radom für Besucher zu öffnen.

MÄNNERINDIKATOR: Die »Erdfunkstelle« strahlt den technischen Charme der 1960er-Jahre aus und verfügt über die Eigenschaften analoger Technik: Man kann etwas anschauen und anfassen. Hoher Nostalgie- und Monderforschungsfaktor.

30
IN DER TODESZONE

GRENZGEBIET, KOREA

Immer wieder kommt es zum Säbelrasseln auf der koreanischen Halbinsel, und dann rückt erneut die völkerrechtliche Beziehung zwischen den beiden Staaten Nord- und Südkorea in den Vordergrund: Der Kriegszustand ist bis heute nicht offiziell beendet, die Teilung des Landes ist noch viel rigoroser als seinerzeit in Deutschland: Gegenseitige Besuche sind noch immer ebenso unmöglich wie Briefkontakt. Für die Trennung steht die Demilitarisierte Zone (DMZ) entlang des 38. Breitengrades, ein vier Kilometer breiter und über 200 Kilometer langer Geländestreifen. Seit dem Waffenstillstand von 1953 bildet sie aber nicht nur die Grenze zwischen Nord- und Südkorea, sondern ist mittlerweile auch ein gut besuchtes Touristenziel, an dem die Teilung spürbar ist. So zieht es pro Jahr rund zwei Millionen Besucher nach Panmunjeom, den Ort, an dem der Waffenstillstand unterschrieben wurde. Hier sitzen sich in einer Baracke die Vertreter von Nordkorea und dem Militärkommando der Vereinten Nationen gegenüber, der einzige offizielle Kontakt. Für die Koreaner bedeutet die Teilung eine tief sitzende nationale Wunde, betrachten sie sich doch als eine große Familie.

Unter der Regie der UN können Touristen Panmunjeom besuchen, die Sicherheitsvorkehrungen sind aber streng. Man muss eine Erklärung unterschreiben, dass man bei militärischen Zwischenfällen keine Schadensansprüche stellt, Fotografieren ist oft verboten, das Winken zur nordkoreanischen Seite hin ebenfalls. Betreten werden darf das Gelände nur in Zweierreihen, geleitet von UN-Soldaten.

Die Touren hinein in die Todeszone beginnen in Südkoreas Hauptstadt Seoul, die Fahrt bis zu den Stacheldrähten in der Demilitarisierten Zone dauert nicht mal eine Stunde. Gerade mal 50 Kilometer ist dieser asiatische Eiserne Vorhang von der 3,5-Millionen-Metropole entfernt. Wer an einer Tour teilnimmt, muss sich zunächst als »Gast« der UNCMAC registrieren lassen – die Abkürzung steht für das militärische Kommando der UNO. Die Besucher erhalten dann einen roten Ausweis, den sie mit sich führen müssen. Es gibt auch Kleiderregeln: Kurze Hosen, Militärlook oder Flipflops sind verboten. Schließlich nähert sich der Bus der Zone: Links und rechts der Straße wachsen Zäune mit Stacheldraht empor. Die entmilitarisierte Zone selbst ist ein unbewohnter Streifen Land, in dem Vögel und Rehe leben. Die erste Station der Tour ist das Besucherzentrum »Imjinggak«, hier lässt sich eine alte Lok besichtigen, die als Symbol für die jahrzehntelange Unterbrechung der Eisenbahnverbindung zwischen den beiden koreanischen Ländern steht. Mittlerweile existiert über die neu eingerichtete Station Dorasan wieder eine Verbindung, allerdings nur für Frachtzüge. Eine weitere Attraktion rund um die DMZ ist der Besuch des sogenannten »3. Tunnels«. Entweder zu Fuß oder mit einer kleinen Elektrobahn gelangt man durch einen Stollen in eine Tiefe von 70 Metern unter der Oberfläche. Hier kann man einige Hundert Me-

Südkorea hat eine Bevölkerung von 48,3 Millionen und ist etwa so groß wie Bayern und Baden-Württemberg zusammen. Das ehemals sehr arme Land hat seit den 1960er-Jahren ein enormes Wirtschaftswachstum erlebt und ist heute eines der modernsten Industrieländer Asiens mit einem ausgebauten Straßennetz, Hochgeschwindigkeitszügen und vielen neuen Hochbauten. Die Demokratische Volksrepublik Korea (Nordkorea) hat rund 23 Millionen Einwohner, das Land ist weitgehend abgeschottet. Touristische Besuche sind aber möglich.

ter eines geheimen Invasionstunnels begehen, der laut Südkorea von Nordkorea angelegt wurde, um eine Invasionsarmee unterirdisch in den Süden zu bringen. 30.000 voll ausgerüstete Soldaten sollen den Tunnel in einer Stunde passieren können. Der 1978 nur 52 Kilometer vor Südkoreas Hauptstadt Seoul entdeckte Tunnel endet heute vor einer Mauer unter dem 38. Breitengrad. Zugänglich ist auch der militärische Beobachtungsposten Dora. Von hier aus kann man durch Münzteleskope die nordkoreanische Seite der DMZ observieren.

Schließlich gelangt man 62 Kilometer von Seoul entfernt nach Panmunjeom, man betritt die *Joint Security Area*. Hier wird man von einem Mitglied der US Army empfangen, der Mann trägt einen grauweißen Tarnanzug und an einer Armbinde das Zeichen der Vereinten Nationen. Gesprochen wird hier nur im Flüsterton, und in disziplinierten Zweierreihen gelangt man zu einer Aussichtsplattform. Von hier aus sind die Baracken rechts und links der Demarkationslinie zu sehen und das blaue Holzgebäude, in dem Verhandlungen stattfinden. Die nordkoreanischen Soldaten sind zum Greifen nahe und stehen den Soldaten der UN-Truppe direkt gegenüber, bildhafter kann man sich die Konfrontation kaum vorstellen. Jegliches Winken, Rufen oder sonstige Aktionen sind strengstens verboten. Man spürt die Angespanntheit der politischen Situation und angesichts der Möglichkeit einer militärischen Konfrontation, die jederzeit losbrechen könnte, sträuben sich dem Besucher die Nackenhaare. Es

läuft einem kalt den Rücken hinunter und man ist später froh, wieder im Bus zu sitzen. Übrigens: Auch auf nordkoreanischer Seite gibt es Besucher.

All diese touristische Infrastruktur darf nicht darüber hinwegtäuschen, wie ernst noch immer die Situation an der Demilitarisierten Zone ist. Die Rituale und strengen Regeln, mit denen die UN-Soldaten die Besucher in Panmunjeom konfrontieren, haben ihre Ursache in einer weltpolitisch fragilen Situation, die sich jederzeit wandeln kann. Seit dem nordkoreakischen Raketentest im Jahr 2017 hat sich die Lage wieder verschärft.

MÄNNERINDIKATOR: Die DMZ ist wohl einer der eindrücklichsten und bedrohlichsten Orte der Welt. Die Möglichkeit eines militärischen Schlages ist mit den Händen zu greifen. Hoher Geschichts-, Nachdenk- und Gruselfaktor.

31
DIE WANDGEMÄLDE DER GEWALT

DERRY – LONDONDERRY, NORDIRLAND

Langsam zischt in der »Monico Lounge« das dunkle Guinness aus dem Zapfhahn in das Bierglas und wird von einer schaumigen Krone gekrönt. Die »Lounge« ist ein typisches irisches Pub nahe dem Rathaus von Londonderry, und hier sitzen die Männer und reden von Pferdewetten und vom Wetter, während manche das landesübliche Stew – den Kartoffeleintopf mit Lamm – auslöffeln. Es fehlen nur noch ein bisschen irische Musik und das Feuer im Kamin, dann wäre für Karen das Bild langsam komplett. Denn Karen ist die Marketing-Managerin der nordirischen Stadt mit ihren rund 80.000 Einwohnern, die mit ihren Kollegen an einem neuen Image webt: Londonderry, das ist die alte Stadt mit der sehr gut erhaltenen Stadtmauer aus dem 17. Jahrhundert am Foyle-Fluss. Mit der prächtigen Fassade der neugotischen Guildhall und dem Tower-Museum, in dem ausführlich die Geschichte der Stadt erzählt wird: von den frühen Anfängen über die Belagerung von 1688 bis hin zur jüngeren Gegenwart. Dort angekommen, weiß man auch, warum die Stadt in den offiziellen Prospekten immer doppelt benannt wird: Londonderry/Derry. Und warum man in den vergangenen Jahren viele Anstrengungen unternommen hat, eine moderne Stadt zu zeigen, in die zu reisen sich wieder lohnt.

Von der alten Stadtmauer aus, die heute als Flaniermeile dient, ist diese jüngere Vergangenheit zu sehen. Unten, am Fuß des grünen Burghügels, liegen die Häuser der Bogside, und noch immer kündet von dort eine große Schrift »You are now entering free Derry« – »Sie betreten jetzt das freie Derry«, wie die Katholiken die Stadt nennen. Hier wohnen die katholischen Einwohner der Stadt, und große Wandgemälde erzählen von den Ereignissen, die hier vor rund 50

Jahren geschehen sind: die Märsche der Bürgerrechtsbewegung ab 1967, die Straßenschlachten mit der Polizei 1968, die Aufmärsche der protestanischen »Ultras«, die Toten des »Blutigen Sonntags« im Januar 1972, als die britische Armee 14 Teilnehmer einer Demonstration erschoss. Eines der Wandgemälde zeigt ein Mädchen: Annette McGavigan. Die 14-jährige Schülerin war im September 1971 von der Armee erschossen worden, als erstes Kind und 100. ziviles Todesopfer der *Troubles*, wie die drei Jahrzehnte andauernden bürgerkriegsähnlichen Unruhen zwischen Katholiken und Protestanten, zwischen der »IRA« und der britischen Armee und zwischen anderen militanten Gruppen dort genannt werden.

Heute gibt es keine Barrikaden mehr in der Bogside, heute werden die Fenster geputzt, und in den Hinterhöfen der lang gezogenen Reihen von kleinen Häusern aus roten Backstein stehen bunte Kinder-Tretroller herum. Die Vorgärten sind gepflegt und die Fassaden erneuert. Im Areal Glenfada Park sind die Ereignisse von damals eingehegt im »Museum of Free Derry«, hier sind Plakate, Transparente, Fotos und mehr zu sehen. Die Protestanten wohnen heute mehr-

Aktuelle Informationen zu Nordirland und Derry/Londonderry bietet das Touristen-Informationsbüro »Irland Information Tourism Ireland«. Adresse: Gutleutstraße 32, 60329 Frankfurt/Main.

heitlich auf der anderen Flussseite, und ihre Viertel sind noch immer an der britischen Flagge zu erkennen. Doch seit 1998 ist in Nordirland ein Friedensabkommen in Kraft, das als Basis für die Konstruktion eines neuen Londonderry/Derry dienen kann.

Diese neue Stadt gibt sich auch in Wandbildern zu erkennen, doch hier handelt es sich um die üblichen Reklametafeln. Wie die gesamte irische Insel hat auch Nordirland in den Jahrzehnten ab den 90er-Jahren einen wirtschaftlichen Aufschwung verzeichnen können, der bis zur Finanzkrise 2007 anhielt. Nahe Londonderry/Derry hat sich damals zum Beispiel der Festplattenhersteller Seagate angesiedelt und bietet 1300 Arbeitsplätze. Die jungen Computerspezialisten, das sind auch die Leute, die Restaurants wie das »Mange 2« unten am Flussufer besuchen. Hier wird französisch angehauchte Küche auf hohem Niveau in modern-sachlichem Ambiente serviert, Lichtjahre vom ehemaligen (schlechten) Ruf der irisch-englischen Küche entfernt. So wundert es nicht, dass das Lokal oft ausgebucht ist. Inmitten der Altstadt wurde ein Handwerkerhof eingerichtet, der Souvenirs für die Touristen bereithält, jenseits der Stadtmauern wuchsen moderne Einkaufzentren und ein Veranstaltungszentrum, das »Millennium Forum«, empor.

Doch die Stadt sieht sich auch als Ausgangspunkt für die Touristenattraktionen an der Nordküste, zum Beispiel den »Giant's Causeway«. Der »Damm des Riesen« ist Nordirlands berühmteste Sehenswürdigkeit, bestehend aus geometrisch geformten Basaltsäulen, die sich ins Meer hinein und angeblich darunter wie ein versunkener Gehweg eines keltischen Riesen bis an die schottische Küste erstrecken. Die aus erkalteter Lava entstandenen Steinformationen sind zumeist fünf- oder

sechseckig zu Türmchen aufgestapelt, hinter denen die Gischt der Brandung emporschäumt. Das Naturwunder liegt an der Nordküste rund 50 Kilometer von Londonderry/Derry entfernt und ist vom Besucherzentrum aus über einen Fußpfad in 20 Minuten zu erreichen. Es gibt aber auch eine Busverbindung für die Gehbehinderten. Am interessantesten an den geologischen Formationen sind allerdings die darauf herumkrabbelnden Touristen in ihrer bunten Regenkleidung.

Diese Küste hat jedoch noch mehr zu bieten: die Burgruine Dunluce, nicht weit vom Giant's Causeway entfernt. Sie war der Stammsitz der MacDonnells, und ihre Mauern stehen am Rand einer steilen Felsküste. Der Sage nach soll während einer stürmischen Nacht im Jahre 1639 der ganze Küchentrakt samt Personal ins Meer gestürzt sein. An dieser Küste, an der schon mehrere Schiffe gesunken sind, lassen sich lange Wanderungen unternehmen, auf und unter den Klippen und über weite Sandbuchten hinweg. Dabei wird man von Schafen beobachtet, und es regnet immer wieder, entsprechende Kleidung ist wichtig, und man sollte noch beweglich genug sein, um die kleinen Stege über die vielen Zäune und auch manche Felsen zu erreichen. Ratsam ist es auch, sich die Gezeiten einzuprägen. Doch die kleinen einsamen Fischerorte, wo die eine oder andere Robbe vor der Hafenmauer auf den Felsen herumliegt, haben ihren besonderen Reiz.

MÄNNERINDIKATOR: Ein Gang durch die ehemals umkämpften Stadtviertel von Londonderry/Derry lässt die Zeit der *Troubles* aufleben, und man ist froh, dass heute hier ein friedliches Leben möglich ist. Hoher Geschichtsfaktor. Küste mit hohem Wanderfaktor

32
DAS MUSEUM IN PEENEMÜNDE

PEENEMÜNDE, DEUTSCHLAND

Der kleine Hafen von Freest liegt geschützt in der Mündung des Peenestroms, der hier das Festland von der Ostseeinsel Usedom trennt. Drüben, am anderen Ufer, ist ein großes braunes Backsteingebäude mit einem hohen Kamin auszumachen. Hier aber sind die Hütten der Fischer am Kai klein und stehen gedrängt, vollgepackt mit Netzen, Seilen, Ölkanistern und Plastikkörben für den Fang. Einer der Männer von den Fischkuttern wäscht gerade in einer Wanne Flundern, und kreischend fliegen die Möwen über ihn hinweg auf der Suche nach Beute.

Drüben, am anderen Ufer des Flusses, liegt Peenemünde, ein ehemaliges Fischerdorf, das im Zweiten Weltkrieg zum Versuchsgelände für Raketen wurde. Man kann von Freest aus hinüberpaddeln, das dauert eineinhalb Stunden. Der Hafen von Peenemünde ist nicht zu verfehlen und auch nicht der dortige Rüstungsschrott: Rechts von der Einfahrt liegt ein großes sowjetisches U-Boot, die U-461. Es wurde 1998 in den Hafen geschleppt und dient seitdem als Attraktion für die Besucher. Mit der Geschichte von Peenemünde hat es jedoch nichts zu tun. Diese Geschichte lässt sich im Historisch-Technischen Museum von Peenemünde erfahren, es ist in dem riesigen Kohlekraftwerk untergebracht, das man sogar vom Freester Ufer aus sehen kann. Denn hier entstand unter den Nationalsozialisten von 1936 bis 1945 eines der größten Technologiezentren der damaligen Welt.

An die 8000 Ingenieure und Wissenschaftler arbeiteten und forschten hier zur Raketentechnik, es entstand eine kleine Stadt aus Labors, Werkstätten, Startrampen – errichtet auch von Zwangsarbeitern und KZ-Häftlingen. Hier wurden die sogenannten »Vergeltungswaffen« entwickelt und ausprobiert, man kann sie auf dem Gelände vor dem Museum besichtigen. Da ist die »V1« (die militärische Bezeichnung lautete »Fieseler Fi 103«), eine Art unbemannter Marschflugkörper, der, von einer Rampe aus gestartet, bis nach London flog und seine Bombenlast dort zur Explosion brachte. Die V1 war für die Massenproduktion gedacht und sollte daher einfach zu bauen sein, außerdem sollte das Gerät kostengünstig in der Herstellung sein. Die »Fi 103« wurde nicht ferngesteuert, sondern flog mithilfe eines Steuergeräts, in das vor dem Start der Kurs, die Flughöhe, Entfernung zum Ziel und Windverhältnisse eingegeben wurden. Das unbemannte Fluggerät war ab dem Juni 1944 im Einsatz, bis zum Frühjahr 1945 wurden rund 30.000 »Fi 103« gebaut. Von den 10.000 Flugkörpern, die auf London abgeschossen wurden, erreichten drei Viertel das Zielgebiet nicht. Der Grund dafür waren technische Fehler, Abfangjäger, Flakgeschütze oder Ballonsperren.

Peenemünde liegt im westlichen Teil von Usedom. Die Zufahrt erfolgt über die Brücke in Wolgast. Adresse: Historisch-Technisches Museum Peenemünde GmbH, Im Kraftwerk, 17449 Peenemünde. Führungen in das Sperrgebiet kosten 11 Euro, Anmeldung beim Museumsverein Peenemünde, Tel. 038371/559411.

Und da ist die erste wirklich flugfähige Rakete, das »Aggregat 4« (»A4«) oder, in der Sprache der Propaganda, die »V2«. Gegen diese unter Wernher von Braun in der »Heeresversuchsanstalt Peenemünde« entwickelte und anschließend in Massenproduktion gefertigte »Wunderwaffe«, mit der Städte in England, Frankreich und Belgien bombardiert wurden, gab es praktisch keine Gegenwehr.

Die Entwicklung der Raketentechnik ist mit dem Namen von Wernher von Braun verbunden, der später in Amerika dann die Mondraketen entwickelte. Lange Zeit galt er als unpolitischer Techniker, heute wird seine Rolle in der NS-Zeit kritischer betrachtet.

Das Museum macht die Zweischneidigkeit moderner Technologie zwischen Faszination und Grauen deutlich. In mehreren Räumen wird die Geschichte der Raketentechnik, ihrer militärischen Anwendung und ihre Entwicklung in Peenemünde dokumentiert. Geblieben sind von der »Heeresversuchsanstalt« nur das Kraftwerk und ein großer Flughafen. Die Labors und Startrampen wurden zuerst bei einem Fliegerangriff zerstört und nach dem Krieg endgültig gesprengt. Heute veranstaltet der örtliche Historische Verein Touren durch das gesperrte Gelände. Dort wächst Gras über die gesprengten Ruinen.

Die Tour beginnt am Flughafen, er ist heute noch in Betrieb, und aus DDR-Zeiten ist ein alter MIG-Düsenjäger geblieben. Ein kleiner Bus sammelt die Teilnehmer ein und fährt sie quer durch das alte Ruinengelände. Ab und zu wird ein Stopp eingelegt, und

dann geht es zu Fuß weiter. Zu sehen sind vor allem Überreste im Boden, zum Beispiel von ehemaligen Test- oder Prüfständen, auf denen die Raketen getestet wurden. Am Prüfstand Nummer VII wurden die meisten der 249 »A4«-Raketen mit ihren 25 Tonnen Gesamtgewicht getestet. Zu sehen ist auch die sogenannte Arena, der Startplatz. Er ist von einem zehn Meter hohen Erdwall umgeben, mit ihm sollten Explosionen eingedämmt und die Rakete vor Seitenwinden geschützt werden. Im Erdwall befanden sich auch der Beobachtungs- und Messbunker sowie das Kommandozentrum mit Büros und Werkstätten. Um die Starts gefahrlos beobachten zu können, waren im Kontrollzentrum acht Periskope installiert. Am 3. Oktober 1942 erreichte eine »A4« mit einer Flughöhe von 84,5 Kilometer den Rand des Weltalls. Heute ist reichlich Gras über den Startplatz gewachsen, doch der Erdwall und Betonteile sind noch zu sehen. Zu den anderen ehemaligen Gebäuden gehörte auch die Montagehalle mit 30 Meter hohen Toren, hier wurden die Raketen zusammengebaut.

Seit der Sprengung der Gebäude, Teststände und Bunker hat sich die Natur das Areal wieder zurückerobert. In der DDR-Zeit war Peenemünde Sperrbezirk, und auch heute ist das Gelände außer auf geführten Touren nicht zugänglich. Das ist auch deshalb der Fall, weil Löcher im Boden gefährlich werden können. Es gibt jedoch auch Friedliches zu berichten: Im Schilfgürtel um Peenemünde nisten mehrere Seeadlerpärchen.

MÄNNERINDIKATOR: Vor mehr als 70 Jahren war Peenemünde das wohl fortschrittlichste Hightech-Zentrum der Welt, was die Entwicklung von Raketen anbelangte, freilich für militärische Zwecke. Hoher Technik- und Geschichtsfaktor.

33
DER ZENTRALFRIEDHOF IN WIEN

WIEN, ÖSTERREICH

Es dauert schon ein Weilchen, bis man mit der Straßenbahn der Linie 6 hinausgefahren ist zum Zentralfriedhof nach Simmering im Südosten von Wien. Heute beherbergt der 1874 eröffnete Friedhof an die 330.000 Grabstätten, und hier liegt, wer in Österreich in Kunst, Musik, Politik oder Wirtschaft einen Namen hatte. Das Verhältnis der Wiener zu der Begräbnisstätte ist ein spezielles und wird zum Beispiel in Liedzeilen wie »Es lebe der Zentralfriedhof« von Wolfgang Ambros deutlich. Überhaupt kennt der Wiener in seinen Gesängen vor allem zwei Themen: den Wein und den Tod. »Es wird a Wein sein, und wir wer'n nimmer sein«, singt man in den Kellern und Straußwirtschaften.

Steigt man am Haupteingang aus der Trambahn, kann man sich linker Hand eine original Wiener Bratwurst genehmigen und sich so innerlich stärken, bevor man sich auf den Friedhof begibt. Besonders im Herbst, wenn die Blätter fallen und die Nebel ziehen, ist so ein Besuch schön traurig. Angelegt wurde der Zentralfriedhof nach den Plänen des Frankfurter Architektenduos Karl Jonas Mylius (Frankfurt/Main 1839–1883) und Alfred Friedrich Bluntschli (Zürich 1841–1930), ihr Entwurf war als Sieger aus einem Architektenwettbewerb hervorgegangen. Das Zentrum des Friedhofs ist dabei der Form eines griechischen Kreuzes nachgebildet. In den Mittelachsen der drei Kreuzarme befindet sich jeweils ein kreisrunder Platz, von dem je acht Straßen ausgehen. Derartige Plätze, in die acht Straßen einmünden, wurden schon in der Renaissance als schön empfunden.

In der Ausschreibung war auch die Anlage von drei Gräberkategorien gefordert worden, dem entsprachen die Architekten mit drei konzentrischen Kreisen rund um die Plätze, wobei die um die Kirche liegenden Gräber die angesehensten waren, wie es auch früher schon auf den Kirchhöfen war. Die Friedhofskirche war im Schnittpunkt der Hauptachsen geplant, mit kreuzförmigem Grundriss auf einer quadratischen Terrasse mit Treppenaufgängen an allen vier Seiten.

Als der Zentralfriedhof am 1. November 1874 eröffnet wurde, stellte man auf den fünf alten Kommunalfriedhöfen die Bestattungen ein. 1898 wurden nach einem Entscheid des Gemeinderats die aufgelassenen Friedhöfe nach und nach in öffentliche Gärten mit Gedenkhainen umgewandelt, die berühmtesten Toten hatte man schon auf den Zentralfriedhof umgebettet und ihnen Ehrengräber gewidmet. Manche der Berühmtheiten verblieben allerdings an Ort und Stelle in den Gedenkhainen. Die restlichen Verstorbenen hat man exhumiert und auf dem Zentralfriedhof in der Gruppe 37 beigesetzt. In den 1920er-Jahren waren alle Vorortfriedhöfe aufgelöst, bis auf eine Ausnahme: St. Marx. Wegen der kunsthistorisch wertvollen Biedermeiergrabstätten besteht der Friedhof bis heute, es finden aber keine Beerdigungen mehr statt.

Der Wiener Zentralfriedhof zählt wegen seiner vielen Ehrengräber zu einer der meistbesuchten Sehenswürdigkeiten der Stadt Wien. Adresse: Zentralfriedhof Wien, Simmeringer Hauptstraße 234, 1110 Wien.

Am Eröffnungstag des Zentralfriedhofs brachte man 13 Verstorbene unter die Erde. Wenn einer der Leichenwagen das Haupttor passierte, ertönte ein Glöckchen, woraufhin die Hinterbliebenen die Wartehalle verließen und dem Leichnam zum Grabe folgten. Die erste »schöne Leich«, die beigesetzt wurde, war die des Privatiers Jakob Zelzer. Sein Grab in der Gruppe 0, Grabnummer 1, ist bis heute erhalten geblieben.

Wer vom Haupteingang in Richtung Zentralkirche geht, kommt alsbald an einer anderen Gruppe vorbei, der mit der Nummer 32 A. Hier sind die großen Komponisten und Musiker begraben: Hugo Wolf, Josef Lanner, Johann Strauß (Vater), Johannes Strauß (Sohn), Franz Schubert, Ludwig van Beethoven und Johannes Brahms, um nur einige der berühmtesten zu nennen. Nur ein paar Schritte entfernt liegt die Gruppe 33 B, und auch hier haben viele Prominente ihre letzte Ruhestätte gefunden. Ganz zentral steht die Nachbildung eines Klaviers, hier wurde 2014 Udo Bockelmann, besser bekannt als Udo Jürgens, begraben. In der Gruppe liegt auch das Wiener Original, der Schauspieler Helmut Qualtinger (1928–1986). Seine Kabarettfigur »Herr Karl«, gilt als unsterblich: »In ihr kam alles zum Vorschein, was Österreich an sich selbst hasste und leugnete«, urteilte die »Frankfurter Allgemeine Zeitung« zu seinem 25. Todestag. Nicht weit davon hat sein Schauspielerkollege Fritz Muliar (1919–2009) die letzte Ruhe gefunden, der unter anderem durch seine Darstellung des »braven Soldaten Schweijk« bekannt wurde. Auch zwei bekannte Vertreter der Psychotherapie sind hier vertreten. Da ist zum einen das Grab von Alfred Adler (1870–1937). Er gilt als

Begründer der Individualpsychologie, hinter der die Auffassung steht, dass jeder Mensch einzigartig sei. Adler flüchtete vor den Nationalsozialisten in die USA und starb auf einer Reise im schottischen Aberdeen im Alter von 67 Jahren. 2001 wurde seine Urne überführt und auf dem Zentralfriedhof beigesetzt. Der andere große Psychiater ist Erwin Ringel (1921–1994), auch er ein Vertreter der Individualpsychologie. Bekannt wurde Ringel durch seine Forschungen zum Suizid.

Wer über den Zentralfriedhof schlendert, stößt immer wieder auf die Namen bekannter Persönlichkeiten. Sei es der Politiker Bruno Kreisky (SPÖ), der Schauspieler Hans Moser oder der Schriftsteller Franz Werfel. Und natürlich darf in diesem Kreis einer nicht fehlen – Falco. Der 1998 verstorbene Sänger ist in der Gruppe 40 begraben.

MÄNNERINDIKATOR: Aller Ruhm vergeht, und nur selten liegen so viele bekannte Persönlichkeiten aus allen gesellschaftlichen Bereichen so nah beieinander in ihren Gräbern. Hoher Prominenten- und Nachdenklichkeitsfaktor.

34
DER SITZ DER GÖTTER

OLYMP, GRIECHENLAND

Wo liegt er, der Sitz der Götter, der Olymp? Am einfachsten zu erreichen ist er von Thessaloniki aus, der Großstadt im Norden Griechenlands. Gut 90 Kilometer südlich davon kommt irgendwann auf der Autobahn 1, die nach Athen führt, die Ausfahrt nach Litochoro. Die Kleinstadt im Landesinneren mit ihren rund 7000 Einwohnern ist der Ausgangspunkt zur Besteigung des Olymps. Mit einer Höhe von 2918 Metern ist er der höchste Berg Griechenlands, ein Ort voll von Erzählungen.

Hoch oben, weit über dem blauen Ägäischen Meer, sollen sie thronen: die zwölf Hauptgötter der griechischen Mythologie. Allen voran dabei Göttervater Zeus. Er ist der mächtigste der olympischen Götter und stärker als alle anderen Götter des Olymps zusammen. Über ihm stehen nur noch seine Töchter, die Moiren. Sie verkörpern das unausweichliche Schicksal, dem auch Zeus nichts entgegensetzen kann. Zeus wird meist mit einem Blitzbündel, das er auf die Erde schleudert, und einem Zepter dargestellt. Als Obergott gönnte sich Zeus neben seiner Gemahlin Hera zahlreiche Geliebte, die er oft in der Gestalt von Tieren verführte. Der schönen Europa näherte er sich bekanntlich als Stier.

Bekannt im Reigen der olympischen Götter ist auch Poseidon, der Gott des Meeres. Seefahrer verehrten ihn und baten um eine sichere Überfahrt. Als Opfergabe versenkten sie Pferde im Meer. Wenn er gut gelaunt war, so die Mythologie, ließ Poseidon neue Inseln aus dem Meer steigen und gewährte günstiges Wetter für die Seefahrt. Bei schlechter Laune allerdings stach er mit seinem Dreizack in die Erde und verursachte Erdbeben und Überschwemmungen.

Wer gern im Naturkostladen einkauft, kennt auch Demeter. Sie ist die Göttin des Getreides, der Saat und der Jahreszeiten und zuständig für die Fruchtbarkeit

der Erde. Apollon wiederum ist der Gott des Lichts, der Heilung und auch des Frühlings. Außerdem ist er zuständig für die sittliche Reinheit und Mäßigung, die Heilkunst und überhaupt die Künste. Er ist zudem der Gott der Bogenschützen. Wer wohnt noch alles auf dem Olymp? Da gibt es noch Hermes, den Gott der Reisenden; Aphrodite, die Göttin der Liebe; Hephaistos, den Gott des Feuers; Athene, die Göttin der Weisheit; Ares, den Gott des Krieges und der Blutbäder; und schließlich Hestia, die Göttin des Herd- und Opferfeuers.

Wo jetzt die Götter genau wohnen und was für eine Inneneinrichtung sie bevorzugen, ist unklar. Besuchen kann man sie aber schon, in einer zwei- bis dreistündigen Wanderung erreicht man die Berghütte unter dem Gipfel des Olymp. Wer ganz hinaufwill, um bei Zeus anzuklopfen, muss noch einmal gut zweieinhalb Stunden einrechnen, bis der Gipfel mit seiner berauschenden Aussicht auf das Meer erreicht ist. Wer will, kann vom Meeresstrand aus starten und sich dann rühmen, die ganzen 2,9 Höhenkilometer überwunden zu haben. Pragmatiker (das Wort stammt vom griechischen Begriff für »handeln« ab) mieten sich in einer der Pensionen von Litochoro ein und beginnen frühmorgens den Aufstieg.

Der Olymp ist das höchste Gebirge Griechenlands und liegt an der Ostküste bei dem Ort Litochoro, von wo aus meist der Aufstieg erfolgt. Der Hauptgipfel ist der Mytikas mit 2918 Metern Höhe. Der Berg ist durch mehrere Wanderwege erschlossen.

Dies gegebenenfalls zunächst mit dem Auto, das einen zu einem Parkplatz in 1100 Metern Höhe bringt. Und hier beginnt, etwas unscheinbar hinter einer Schranke gelegen, der Fußpfad hinauf zur Spilios-Agapitos-Hütte auf 2100 Meter.

Zerberus heißt in der griechischen Mythologie der dreiköpfige Hund, der die Hölle bewacht. Und auch beim Aufstieg zum Olymp scheinen einige Höllenhunde unterwegs zu sein, jedenfalls hört man in der Ferne das Bellen umherstreunender Köter. Und irgendwann tritt dann tatsächlich der Ernstfall ein: Vor uns steht auf dem Wanderweg ein riesiger weißer zotteliger Hund und blickt uns an. In so einer Situation möchte man gern ein Pfefferspray oder zumindest einen soliden Stock in der Hand haben. Glücklicherweise ist der große Hund ein Hirtenhund, und schon kommen die Ziegen mit ihren bimmelnden Glöckchen und dem Hirten um die Ecke: Tiefer Seufzer der Erleichterung bei den Männern, die sich nun nicht mehr vor die Bestie werfen müssen, um die Frauen zu beschützen.

Der Weg hinauf windet sich durch eine grüne Landschaft, die von Macchia bedeckt ist. Unsere Schritte führen uns zunächst entlang einer Schlucht und dann einen schmalen Steig empor. Zwischendurch passieren wir einen Wasserfall. Durch das Blätterdach der Bäume finden die Sonnenstrahlen ihren Weg, und in einem steilen Zickzack gewinnt man rasch an Höhe. Nach eineinhalb Stun-

den macht sich allerdings die Anstrengung bemerkbar, der Rucksack drückt ein wenig, und der Schweiß will mit einem Taschentuch hinweggewischt werden. Zwischendurch begegnet man schwer bepackten Maultieren, die Proviant, Getränke und allerlei sonstige Dinge hinauf zur Hütte bringen.

Nach knapp drei Stunden ist die Spilios-Agapitos-Hütte erreicht, sie steht auf einem Felsvorsprung. Die Erstbesteigung des Olymp im Jahre 1913 liegt nun schon mehr als einhundert Jahre zurück, damals erfüllte sich für die beiden Schweizer Frédéric Boissonnas, Fotograf und Herausgeber, und Daniel Baud-Bovy, Autor, ein lang gehegter Traum. Zusammen mit dem Bergführer Christos Kakalos bezwangen sie die Gipfel des Olymp. 17 Jahre später wurde der Grundstein für die erste Berghütte auf dem Berg gelegt. Heute können dort 110 Bergsteiger übernachten, um sich dann am frühen Morgen ausgeruht auf den Weg zu machen, um Zeus und seiner Gattin Hera einen Besuch abzustatten.

MÄNNERINDIKATOR: Gipfelsturm mit Zeus und Co. Wo in den Alpen das Gipfelkreuz auf den Bergsteiger wartet, sitzen beim Olymp die griechischen Götter. Hoher Muskelkater- und Mythosfaktor

35
DIE WEISSEN HÜGEL VON ALAMOGORDO

ALAMOGORDO, USA

Vielleicht ist das so in der Antarktis. Oder auf einem großen Gletscher. Wohin man auch den Kopf wendet, wohin man auch das Auge richtet, alles ist weiß. Blendend weiß. Doch was wie Schnee aussieht, ist keiner. Sondern Sand. Genauer gesagt Gips. Und das auf einer Fläche von 700 Quadratkilometern. Der Sand hat seine Ursache in dem Meer, das hier im südlichen New Mexico vor Millionen von Jahren hin und her wogte. Als es sich zurückzog, verblieb der Gips in den Erdschichten und wurde nach und nach an die Oberfläche getragen. Durch Wind und Sonne wurden die Gipskristalle aufgebrochen, sie wurden kleiner und kleiner und schließlich zu Sand. *White Sands* – »weißer Sand« – ist folgerichtig der Name dieses Naturschauspiels in der Nähe der Stadt Alamogordo.

Der Ort mit seinen 35.000 Einwohnern sieht aus wie viele Städte im Westen der USA: eine breite Hauptverkehrsstraße, links und rechts davon Tankstellen, Fast-Food-Restaurants, Einkaufszentren und Motels. Dahinter die Wohnviertel mit den flachen Holzhäusern, und hier geht niemand zu Fuß. Wer hierherkommt, hat in der Regel beruflich zu tun, meist auf der nahen Holloman Air Base, einem großen Stützpunkt der amerikanischen Luftwaffe. Er liegt auf der »White Sands Missile Ranch«, einem gigantischen Raketentestgelände. Auf ihm wurde 1945 die erste Atombombe gezündet, und hier finden auch heute noch Testflüge statt. Wer sich darüber informieren will, kann dies im Raketenmuseum der Stadt tun, dem »New Mexico Museum of Space History«. Wer nicht aus beruflichen Gründen hier ist, kommt wahrscheinlich als Tourist, und das Ziel ist dann klar: das als *National Monument* klassifizierte Naturschauspiel »White Sands«, gut 20 Kilometer westlich der Stadt.

Die Straße US 70 führt zuerst vorbei am Tor zum Luftwaffenstützpunkt, und dann taucht schließlich rechts das Besucherzentrum des Nationalparks auf. Es ist den Pueblos der Indianer nachgebildet und wurde als Arbeitsbeschaffungsmaßnahme während der Großen Depression der 1930er-Jahre errichtet. Drinnen kann man sich über Fauna und Flora der weißen Dünen sowie die Geologie des Gebiets informieren. So herrscht hier ein steter starker Wind aus dem Südwesten, der den Gipssand in Bewegung hält und die Dünen modelliert. Dass der Sand nicht völlig verweht wird, hat mit den Wasservorräten unter der Oberfläche zu tun. Dieses Wasser hält den Gips feucht und verhindert, dass er vom Wind davongetragen wird. Je mehr man sich dem Zentrum des Dünenfeldes nähert, desto älter und salziger wird das Wasser.

Informieren sollte man sich im Besucherzentrum unbedingt auch über die Gefahren, die in den Dünen lauern. So wird dem Besucher ausdrücklich empfohlen, genügend Wasser mitzunehmen, mindestens vier Liter pro Person und Tag. Auch Kompass, Sonnenschutzcreme, Sonnenbrille und Kopfbedeckung sind extrem wichtig.

Der White-Sands-Naturpark liegt im Süden von New Mexico an der US-Bundesstraße 70 zwischen den Orten Alamogordo und La Cruces. Wenn Raketentests durchgeführt werden, sind die Straße und der Park gesperrt. So eine Sperre gibt es zweimal die Woche, sie dauert zwischen einer und zwei Stunden. Der Eintritt in den Nationalpark beträgt 5 Dollar.

Warum, wird klar, wenn man sich in die weißen Hügel hineinbegibt. Zunächst führt eine asphaltierte Straße in das Naturschutzgebiet, doch bald fährt man nur noch auf weißem Sand. Die Straße führt zu mehreren Parkplätzen, von ihnen aus beginnen die markierten Wege hinein in die Sanddünen. Eines der großen Abenteuer hier ist: Man kann in den Dünen zelten und so bei Nacht den sternenklaren Himmel betrachten.

Der Weg vom Parkplatz hinein in die weiße Wüste ist zunächst keiner. Bis man erkennt, dass es hier statt eines angelegten Wegs nur im Sand steckende Stangen gibt, an denen man sich orientieren muss. Sie stehen in Sichtweite, und so kann man sich von Stange zu Stange weiterhangeln. Man befindet sich nun in einer eigenartigen Landschaft. Der Wind weht über die Kämme der Dünen, man ist umgeben von strahlendem Weiß, hinter jedem

Hügel erscheint der nächste Hügel, die Füße schwimmen im Sand. Man ist hier sehr, sehr allein. Zwar ist auch diese unwirtliche Zone von ein paar Lebewesen bewohnt, zum Beispiel einer ohrlosen weißen Echse und einer kleinen Wüstenmaus, zu sehen bekommt man sie aber kaum. Auch einige Pflanzen haben sich angepasst, etwa die Seifen-Palmlilie oder das Sand-Eisenkraut. Meist aber ist es einfach nur eine weite, sandige, weiße Fläche mit Dünen, in der man sich wiederfindet. Oder verliert. Was ganz schnell geschehen kann, fehlt einem die nächste Stange zur Orientierung. Dann hilft einem zur Not nur noch der Kompass. Wie gefährlich eine Wanderung hier sein kann, zeigt ein Vorfall aus dem Jahr 2015. Damals starb ein französisches Ehepaar, das sich in der Wüste verirrt hatte. Nur der neunjährige Sohn überlebte, da ihm die Eltern eine doppelte Wasserration gegeben hatten. Der 42-jährige Vater und die 51-jährige Mutter wurden Opfer des Wassermangels und der Hitze von 38 Grad Celsius ohne jede Chance auf Schatten.

So macht man sich am besten zu mehreren und ausgerüstet mit genug Trinkwasser auf den Weg zu den Dünen. Das machen auch viele, ganze Familien pilgern, angetan mit Rucksäcken und Ausrüstung, durch den weißen Sand bis zu den Campingplätzen. Diese liegen auf nichtsandigem Boden zwischen den Dünen und bilden kleine Oasen. Zu erreichen sind die Plätze auf einem 3,5 Kilometer langen Rundweg, der auf einem der Parkplätze beginnt. Vom sogenannte »Amphitheater« aus – einem großen Parkplatz mit überdachten Rast- und Grillplätzen – beginnt der acht Kilometer lange Wanderweg »Alkali Flat Trail«. Dass die weißen Dünen an Schnee erinnern, liegt nicht zuletzt daran, dass sie von Kindern und Erwachsenen als Rodelhügel benutzt werden: Man fährt auf ihnen mit Plastikwannen hinunter.

MÄNNERINDIKATOR: Wüste mal ganz anders. Das Übernachten in den weißen Dünen hat einen enorm großen Abenteuer- und Outdoorfaktor. Der Romantikfaktor in einer Sternennacht ist auch nicht zu unterschätzen.

36

DAS KLOSTER DES SCHWEIGENS

DIETFURT, DEUTSCHLAND

Wie lange sind 15 Minuten? Wenn da nichts ist außer dem eigenen Atem. Der langsam den Brustkorb hebt und senkt und wie die Gezeiten des Meeres durch den Körper fließt – Ebbe und Flut, Einatmen und Ausatmen. Das Licht in der weiten Meditationshalle ist gedämpft, doch auch draußen ist es noch dunkel an diesem Wintermorgen kurz vor halb acht Uhr. 30 Menschen sind zu dieser frühen Stunde im Raum versammelt, doch ihre Blicke treffen sich nicht. Denn diese reichen nicht weit, nur bis zur holzgetäfelten Wand. Man kniet auf Sitzkissen, hat der Raummitte den Rücken zugewandt. Kein Antlitz eines anderen soll das tiefe Schweigen im Raum stören, das Hineinhören in den eigenen Körper. Das Wahrnehmen der Stille. »Man soll die Dinge in sich ausklingen lassen«, hatte der Pater gesagt. Nur er sitzt im Meditationssitz, hat sein Gesicht den Meditierenden zugewandt. Wie der hölzerne Christus, der über ihm am Kreuze hängt.

Dietfurt im Altmühltal. Eine kleine Gemeinde mit 6000 Einwohnern. »Dietfurt/Oberpfalz« steht auf dem Ortsschild, nachdem man die Brücke über den Kanal überquert hat. Unten liegt verlassen eine Anlegestelle. Eine internationale Wasserstraße sollte der Main-Donau-Kanal werden, doch die Zahl der Schiffspassagen bleibt hinter den Erwartungen zurück. So ist es relativ still am Kanal, nur ab und zu zeigt sich ein Schlepper und teilt das Wasser mit seinem Bug. Die Kleinstadt hat einen Bäcker, einen Metzger und ein paar Handwerksbetriebe, darunter eine Formenbaufirma mit dem schönen Namen Siebenwurst. Auch ein Juramuseum mit uraltem Gestein und Fossilien gibt es hier. Richtig lebendig wird es in Dietfurt aber erst zur Faschingszeit, dann wird hier der »Chinesenfasching« zelebriert, und dann kommt auch schon mal das Fernsehen. Die Dietfurter verkleiden sich als Chinesen und ziehen so die Hauptstraße entlang, das ist schon mehr als 100 Jahre so, und niemand weiß mehr genau, warum. 15.000 Besucher werden dann am »Unsinnigen Donnerstag« gezählt, und einige von ihnen werden wohl auch oben am Franziskanerkloster vorbeispazieren.

Der Grundstein des Klosters wurde 1660 gelegt, 1665 war der Klosterbau so weit fertig, dass die ersten Franziskaner einziehen konnten. Zwei Jahre später war auch die Kirche vollendet. Mit der Säkularisation hob 1802 die bayerische Regierung auch das Kloster Dietfurt auf, doch es blieb ein sogenanntes »Zentralkloster«, in dem die alten Franziskaner bis zu ihrem Tode bleiben konnten. Als der bayerische König Ludwig I. den Thron bestieg, erreichte eine Abordnung Dietfurter Bürger die Zusicherung, dass das Kloster weiterbestehen könne. Der jüngste Teil des Klosters stammt aus den 1970er-Jahren: Damals wurde das Meditationshaus im fernöstlichen Stil erbaut.

Heute zieht das Meditationszentrum Interessierte aus ganz Europa nach Dietfurt. »Die Menschen haben ein großes Bedürfnis, sich zu besinnen«, wissen die Franziskaner-Mönche. Sich selbst spüren, sich auf den Ursprung beziehen, zu eigener Kraft kommen – das suchen die Teilnehmer an den ganzjährig angebotenen Zen-Meditationskursen des Klosters. Und sie suchen eine Heimat und den Schutz der alten Ordensmauern, obwohl die meisten »eher vom Rande der Kirchen« herkommen. Sie suchen eine Begegnung mit der Mystik sozusagen

Das Zen-Meditationshaus St. Franziskus ist das erste Meditationszentrum von zweien dieser Art, die Pater Hugo Makibi Enomiya-Lassalle zusammen mit dem damaligen Ortsbischof eingeweiht hat. Dietfurt ist somit das älteste christliche »Zen-Kloster« im deutschsprachigen Raum und zugleich eines der bekanntesten. Der einer hugenottischen Familie entstammende Jesuit Lassalle (1898–1990) wirkte jahrzehntelang in Japan, setzte sich seit seinem Überleben des Atombombenangriffs auf Hiroshima weltweit für Frieden ein und baute als Zen-Lehrer eine Brücke zwischen buddhistischer und christlicher Spiritualität.

auf »neutralem Boden«, ohne sich mit den beiden großen christlichen Konfessionen zu sehr zu verbinden. Viele der Kursteilnehmer sind in intellektuellen Berufen tätig, als Ärzte etwa oder Lehrer. Viele sind älter als 40 Jahre und in diesem Lebensabschnitt nun auf der Suche nach Antworten auf tiefer gehenden Sinnfragen – nachdem die Kinder vielleicht schon erwachsen und die materiellen Verhältnisse geordnet sind.

Es ist ein leises »Kling«, das die 15-minütige Meditation beendet. Ein heller Ton, der plötzlich den Raum des Schweigens erfüllt und die Meditierenden zurück in diese Welt holt. Nur ein leises Rascheln der Kleidung ist zu hören, als sich die Kursteilnehmer vom Boden erheben und mit gefalteten Händen, dem Gassho-Gruß, aus dem großen Raum verabschieden. Er ist leer, nur auf dem Boden liegen Matten. An der Stirnseite hängt das Kreuz, darunter steht eine kleine Buddha-Statue. »Oben ist das Licht, unten der Erleuchtete«, sagt der Pater lächelnd, wenn man ihn fragt, wie Christentum und Zen-Meditation zusammengehen. Für die Franziskaner geht es nicht darum, die Menschen zu Buddhisten zu machen, sondern sie in ihrer Religion zu beheimaten. Kontemplation als Gebet, als Spiritualität, nimmt im Leben des heiligen Franziskus eine zentrale Stellung ein, und er ist auch derjenige katholische Heilige, dem von zen-buddhistischer Seite große Wertschätzung und Verehrung zuteil wird. »Das, was im Prozess der Zen-Meditation geschieht, kann einen Christen lehren, in der eigenen Tradition Gott neu zu entdecken, nicht als ein totes Wort, sondern als eine lebendige Erfahrung«, heißt es in einer Broschüre des Meditationshauses. Und was geschieht bei diesem Prozess? »Schweigen ist die Grundlage aller Religion: Am Anfang gibt es noch viele Stimmen in mir. Da ist viel Lärm, ein lärmendes Getöse wie springende Affen. Erst wenn sich diese viele Stimmen beruhigen, zeigt sich die eine Stimme«, heißt es da.

Schweigen – das ist auch das Gebot bei den Mahlzeiten im großen Speisesaal mit seinen sieben Holztischen. In einer Ecke liegt aufgeschlagen die Bibel, Jesaja 60,1: »Mache dich auf, werde Licht!« Der Pater spricht ein Tischgebet, und dann ist nur noch das Klappern von Besteck und Tellern zu hören. Für viele ist das Schweigegebot eine Erleichterung, es enthebt einen der Mühsal des Smalltalks, es verhindert, dass Oberflächlichkeit die Oberhand gewinnt. Stattdessen gewinnt man die Möglichkeit, sich auf das Essen und auf sich selbst zu konzentrieren. Während so die Kursteilnehmer sich dem Schweigen, der Zen-Meditation und den »Leibesübungen«, dem Tai Chi, hingeben, geht das normale Klosterleben weiter. Die Patres widmen sich ihren Aufgaben, rund 20 Klosterangestellte sind in der Küche, der Verwaltung und im Garten beschäftigt.

Wie lange können 15 Minuten sein? In der Zen-Meditation ist es wie ein Versinken in der Stille, ein Hineinhören in das eigene Ich. Die Zeit vergeht nicht, sie ist einfach nur da. Ein Klacken von zwei Holzstücken beendet die Meditation – es bedeutet »Wach auf, wach auf«.

MÄNNERINDIKATOR: Einfach mal die Klappe halten. Und nachschauen, ob innen drin noch etwas da ist. Das Kloster kann so ein Ort der Begegnung mit sich selbst sein. Hoher Schweige- und Spiritualitätsfaktor.

37

DER GEYSIR

HAUKADALUR, ISLAND

In dem Theaterstück *Warten auf Godot* von Samuel Beckett geht es darum, dass die beiden Landstreicher Wladimir und Estragon an einem seltsamen Ort – einer Landstraße mit kahlem Baum – auf eine Person namens Godot warten. »Die menschliche Existenz als Grenzsituation zwischen Leben und Tod, Gestalten, die auf der ewig enttäuschten Illusion des Wartens beharren oder in tragikomischer Hilflosigkeit die Gewissheit ihres Verfalls überspielen – darum geht es in allen Stücken Becketts«, heißt es dazu in *Kindlers Neuem Literaturlexikon*.

Doch was für ein Stück wird hier in Haukadalur im Südwesten von Island gegeben? Man sieht Menschen mit bunter Regenkleidung, die einen Halbkreis bilden, sonst nichts tun und anscheinend auf irgendetwas warten. Godot? Nein, es ist die Wasserfontäne des Geysirs Strokkur (»Butterfass«). Sie soll alle fünf bis zehn Minuten in die Höhe schießen. Diese Gegend hier (das »Habichtstal«, so die deutsche Übersetzung) ist ein sogenanntes Hochtemperaturgebiet mit einer Vielzahl von heißen Quellen. Bekannt wurde es vor allem durch den Großen Geysir, der zum Namensgeber für alle Springquellen wurde, wie Geysire auch heißen. Der Große Geysir war über viele Jahrhunderte aktiv, er wurde bereits im Jahre 1294 erwähnt. Anhand von Analysen der Sinterablagerungen um das Geysirbecken herum glauben Experten, dass die Springquelle etwa 10.000 Jahre lang aktiv war. Und das einmal pro Stunde, dann wurde eine

60 Meter hohe Wasser- und Dampffontäne in die Luft geschleudert. Bei so viel Arbeit wundert es nicht, dass Anfang des 20. Jahrhunderts die Ausbrüche immer weniger wurden und schließlich erloschen. Der wissenschaftliche Grund dafür: Vermutlich haben sich infolge von Erdbeben die Grundwasser- und Erdwärmeverhältnisse geändert. Seit dem Jahr 2000 zeigt der Große Geysir gelegentlich wieder leichte Aktivitäten, wahrscheinlich ebenfalls die Folge von Erdbeben.

Wer also vor dem Großen Geysir wartet, dem kann es gehen wie den beiden Protagonisten in *Warten auf Godot*: nix passiert. Deshalb rübergehen zum Strokkur, der ist noch jünger und macht es regelmäßig. Wie so ein Geysir funktioniert, hat der deutsche Chemiker Robert Bunsen, der Erfinder des Bunsenbrenners, herausgefunden. Bunsen lebte bis zu seinem Tod 1899 in Heidelberg, und sein Name steht noch für eine Reihe von weiteren Entdeckungen: Etwa die Spektralanalyse, mit deren Hilfe chemische Elemente nachgewiesen werden können, oder die Herstellung von Metallen durch Elektrolyse geschmolzener Salze. 1846 unternahm Bunsen auf Einladung der dänischen Regierung eine Reise nach Island und untersuchte die Geysire. Dabei stellte er fest, dass die Temperatur des Wassers im Geysirschacht an der Oberfläche zwischen 85 und 90 Grad Celsius betrug. In einer Tiefe von 20 Meter aber war das Wasser über 125 Grad heiß. Durch den Druck, den die darüberliegende Wassersäule ausübt (der »hydrostatische« Druck), kocht das Wasser in der Tiefe bei dieser Temperatur allerdings noch nicht. Bunsen untersuchte auch den oberen Bereich des Schachtes und maß eine Wassertemperatur von 100 Grad. Da hier der hydrostatische Druck geringer ist, bilden sich ab einer kritischen Temperatur Dampfblasen, das Wasser beginnt zu sieden. Durch die Dampfblasen wiederum verringert sich auch der Druck auf das Wasser in der Tiefe des Schachtes. Es kommt zu einer Art Kettenreaktion, im gesamten Schacht bilden sich Dampfblasen. Die Folge: Der Geysir bricht aus und schleudert ein Gemisch aus Dampf und Wasser in die Höhe.

Und jetzt ist es endlich am Strokkur auch so weit. Ein Zischen und Fauchen, und dann steigt die Fontäne an die 20 Meter in die Höhe. Das ganze Spektakel dauert nur einige Sekunden, doch weil es so plötzlich kommt, erschrickt man unweiger-

lich. Da das Wasser durch den Wind in alle Richtungen verteilt wird, ist auch klar, warum die Wartenden hier Regenkleidung tragen, aber das ist in Island ja ohnehin anzuraten.

Neben dem Geysir gibt es in Haukadalur auch jede Menge heißer Quellen und vor sich hinköchelnde Schlammlöcher. Und auch hier zeigt sich wieder, wie vielfältig die Natur doch ist. Denn in dem Bach, der das Gebiet entwässert, leben verschiedene Algen und Bakterienarten. Und selbst in dem kochenden Wasser direkt in den Quellen finden sich Bakterien, die sich seit ewigen Zeiten an die extreme Hitze angepasst haben. So gut, dass sie bei Temperaturen unter 70 Grad Celsius nicht mehr wachsen!

Um die heißen Quellen im Haukadalur ranken sich natürlich auch viele Sagen und Geschichten. So heißt es, dass es in den alten Zeiten unter den Bauern der Gegend viele Hexenmeister gab. Heute setzt man auf Technik statt auf Zauberei: Auf Island werden die heißen Quellen angezapft, und so wird mittels Fernwärme 90 Prozent des Bedarfs an Heißwasser gedeckt. Zudem wird ein Fünftel des isländischen Stroms in Geothermalkraftwerken erzeugt. Ein Nebeneffekt dieser Energiegewinnung sind die zahlreichen Schwimmbäder auf Island. Die »Blaue Lagune« in der Nähe des Internationalen Flughafens ist dabei das bekannteste, hier badet man praktisch im mineralreichen Abwasser des nahen Geothermalkraftwerks von Grindavik.

Das Hochtemperaturgebiet von Haukadalur liegt auf dem Gemeindegebiet von Bláskógabyggð im Südwesten von Island, gut 100 Kilometer westlich der Hauptstadt Reykjavik. Vor Ort finden sich ein Besucherzentrum, ein Hotel und ein Campingplatz.

MÄNNERINDIKATOR: Eruptionen, heiße Quellen, Fontänen – es geht rund in Haukadalur und man ist ganz nahe an den Urkräften der Erde. Hoher Hotspotfaktor, mittlerer Geduldsfaktor

38

DAS MUSEUM DER AUSSERIRDISCHEN

ROSWELL, USA

Wenn man irgendwo daran glaubt, dass es Außerirdische gibt, dann hier. Die Gegend ist so flach wie ein Pfannkuchen, der Himmel hoch und weit, und in der Nacht funkeln die Sterne. In der Wüste wachsen ein paar Kakteen, die Farmer ziehen ihre Zäune hoch und die Coyoten heulen. Es war am 5. Juli 1947, als der Viehzüchter Mac Brazel mit seinem siebenjährigen Sohn in dieser Gegend auf seinen Weidegründen unterwegs war und einen seltsamen Fund machte. Auf einer Fläche so groß wie mehrere Fußballfelder entdeckte er metallene Teile, die hier verstreut waren. Er sammelte ein paar der seltsamen Dinge ein, packte sie in einen Sack und brachte sie zu seinem Haus. Am nächsten Tag fuhr Brazel mit dem Sack in die rund 100 Kilometer entfernte Stadt Roswell und ging damit zum Sheriff. Der wiederum rief bei dem nahen Luftwaffenstützpunkt an und verständigte das Militär. So beginnt die Geschichte über den angeblichen Absturz einer »Fliegenden Untertasse«, eines UFOs, von Außerirdischen und der Vertuschung des Vorfalls durch das US-Militär.

Roswell ist heute eine Stadt mit rund 45.000 Einwohnern im Südosten des US-Bundesstaates New Mexico. Der Country-Sänger John Denver und die Schauspielerin Demi Moore sind hier geboren, außerdem gibt es einen jährlichen Milchmann-Triathlon, und es ist bereits im April sehr warm, mehr gäbe es über Roswell eigentlich nicht zu berichten. Wäre da nicht das UFO-Museum.

Das »International UFO Museum and Research Center« liegt direkt im Stadtzentrum an der Hauptstraße, über dem Eingang lockt der grüne Kopf eines Aliens, eines Außerirdischen. Der ist mittlerweile zu einer Art Wahrzeichen der Stadt geworden, egal ob bei der Bäckerei, dem Motel, dem Lkw-Parkplatz oder dem Geschenkeladen, überall stößt man auf kleine grüne Wesen mit Glubschaugen. Betritt man das Museum, geht es geradeaus zu einem großen Ausstellungsraum und nach rechts zur Forschungsbibliothek. Dort kann man sich in 7000 Büchern und 13.000 Dokumenten über das Thema UFOs und Außerirdische informieren. »Wir sind nach dem Vatikan die zweitgrößte Bibliothek weltweit, die sich auf diese Dinge spezialisiert hat«, sagt Museumsdirektor Jim Hill. Und es gebe auch durchaus seriöse Forscher, meint er, so wie etwa der Gentleman aus New York, der jedes Jahr eine Woche bei den Büchern verbringt. Die Bibliothek ist in der Tat geräumig. In einem eigenen Raum finden sich die Kartons mit Dokumenten unterschiedlicher Art. Da sind zum einen einschlägige Esoterikmagazine wie das amerikanische *Mysteries*, das sich neben den UFOs auch Themen wie »Kornkreise und ihre Beziehung zu Tönen« oder »Floridas geheimnisvolles Korallenschloss« widmet. Dann gibt es die Newsletter der diversen UFO-Gesellschaften, die über Sichtungen von Außerirdischen und übernatürliche Phänomene berichten, wie beispielsweise das »UFO Network of Ohio«, das die »beängstigende Erfahrung« einer Farmersfamilie in Pennsylvania kundtut. Und dann gibt es noch Dokumente wie die »Technischen Notizen« der amerikanischen Raumfahrtbe-

Die Adresse des UFO-Museums lautet: 114 North Main Street, Roswell, New Mexico 88203. Es ist sieben Tage die Woche von 9 bis 17 Uhr geöffnet, der Eintritt beträgt moderate 5 Dollar.

hörde NASA, etwa die Nummer »D-709« vom Oktober 1961, die sich mit der Frage »Wie wähle ich die entsprechende Zeitablenkungseinheit für sinusförmige Vibrationstests« beschäftigt. An einer Wand der Bibliothek zeigt ein großes Gemälde, worum es im Museum geht: ein rauchendes notgelandetes Raumschiff, aus dem sich einige Außerirdische offensichtlich verletzt retten konnten.

Diese Szene steht auch im Mittelpunkt der Museumsausstellung. Vier Aliens mit silbernen Körpern, spitz zum Kinn zulaufenden Köpfen und großen schwarzen Augen stehen vor einer fliegenden Untertasse, ab und zu zischt es, Rauch steigt auf, und die Gruppe Außerirdischer wird in bunt flackerndes Licht getaucht. In einer Ecke des Raums sieht man dann noch einen der Fremdlinge in einer Art Glasröhre liegen. Ansonsten besteht das Museum vor allem aus Texten und Fotos auf Wandtafeln und Zeitungsausschnitten. Darin wird die Geschichte von Mac Brazel weitererzählt: Wie sich das Militär der seltsamen Fundstücke bemächtigte und die Zeitung meldete, die Air Force habe ein abgestütztes UFO geborgen. Und wie kurz darauf die Kehrtwende kam und aus dem UFO dann ein Heißluftballon wurde. Aber zwei Krankenschwestern hätten in einem Hospital seltsame Körper gesehen. Und alle Zeugen seien durch Einschüchterung und Bestechung zum Schweigen gebracht worden.

30 Jahre lang blieb der Vorfall in der Öffentlichkeit ununtersucht, dann erschien 1980 das erste Buch zum Thema, unter dem Titel *Der Roswell-Zwischenfall* verfasst von Charles Berlitz und William L. Moore. Die These: Es sei eine außerirdische Fliegende Untertasse nahe bei Roswell abgestürzt. Das US-Militär habe die Reste der Maschine geborgen und auf einen Stützpunkt gebracht, um die Technik zu

untersuchen. Daraus seien neue, geheime Technologien für Flugzeuge der Air Force gewonnen worden. Zudem hätten die Soldaten auch mehrere Außerirdische geborgen, die an ihren Verletzungen gestorben seien. All dies unter größter Geheimhaltung und unter Ausschluss der Öffentlichkeit.

Ob Wahrheit oder nicht, wahr sind auf jeden Fall die Auswirkungen auf den Tourismus in der Stadt. Auf die Idee mit dem UFO-Museum ist Walter G. Haut gekommen. Der war 1947 als Navigator für Bombenflugzeuge auf dem Roswell Army Air Field stationiert gewesen und zu dieser Zeit für die Öffentlichkeitsarbeit zuständig. Aus seiner Feder stammte der am nächsten Tag dementierte Bericht über die Bergung des UFOs. Zusammen mit Kompagnons eröffnete Haut 1992 das Roswell'sche UFO-Museum unter dem Dach einer Non-Profit-Organisation im siebten Stock eines Bankgebäudes. Aufgrund der steigenden Besucherzahlen zog das Museum im Januar 1997 um in das jetzige Gebäude, ein ehemaliges Theater. Seit 1992 kamen 3,5 Millionen Besucher nach Roswell, um die UFO-Geschichte zu hören. Kein Wunder, dass Walter G. Haut 2002 in die Ruhmeshalle der Tourismusbehörde von New Mexico aufgenommen wurde.

MÄNNERINDIKATOR: Sehr hoher Außerirdischenfaktor gepaart mit Verschwörungstheorie, Science-Fiction und Technik. Neben Sex und Fußball ganz vorn auf der Beliebtheitsskala.

39

DAS »GRANDHOTEL« AM GLETSCHER

ZILLERTAL, ÖSTERREICH

»Dem Sturm zum Trutz, dem Wanderer zum Schutz«, dieses Motto alpiner Architektur verweist auf die wesentlichen Merkmale von Berghütten – dem Bergsteiger und Wanderer Zuflucht vor den Launen der Natur zu bieten. Demgemäß sind Berghütten eben Schutzhütten, und oft auf kleinem Raume drängt sich dort die Schar der Bergbezwinger. Meist mit wenig Komfort, denn Duschen oder Einzelzimmer sind über 2000 Höhenmetern ein kaum gesehener Luxus. Standard ist eher das Matratzenlager, in dem sich die Alpenfreunde sardinengleich schichten – wenn einer sich umdreht, drehen sich alle mit um.

Anders, und zwar wesentlich anders, ist dies bei der »Berliner Hütte« in den Zillertaler Alpen. Wer den Anstieg über das wunderschöne Zemmgrund-Tal hinter sich hat, oder wer den potenziell knochenbrechenden Abstieg über das Schönbichler Horn überlebt hat, steht schweißtriefend und voller Staunen vor dieser Art »Grandhotel« der Alpen. Hier, in 2044 Meter Höhe hat die Berliner Sektion des Deutschen Alpenvereins vor mehr als 100 Jahren eine der größten Berghütten in den Alpen errichtet. Die Ausmaße des Baus von 1912 entsprechen dem Geist der Wilhelminischen Ära von 1912, somit gleicht er eher einem Gutshaus denn einer Hütte.

Draußen, vor dem Eingangsportal, grüßen den fußmüden Wanderer rechter Hand das in Erz gegossene Porträt des Dr. Reinhold von Sydow (Alpenvereinsvorsitzender und Berliner Staatsminister) und linker Hand das von Dr. Julius Scholz (des Begründers der Berliner Sektion des Alpenvereins). Die honorigen Herren machen deutlich, dass das Bergsteigen um 1900 eher ein exklusiver

Sport der Eliten denn eine Massenbewegung war. Tritt man in die Berliner Hütte ein, so umfängt einen zunächst eine hotelartige Atmosphäre: Links die verglaste Portiersloge, rechts die hölzerne breite Treppe, die zu den oberen Stockwerken führt. Doch ist dies nur ein Vorspiel. Begibt man sich in den Speisesaal – und »Saal« ist durchaus das angemessene Wort für diesen überaus großzügig bemessenen, arvenholzgetäfelten Raum mit seinen vier mächtigen, sechsflammigen Kandelabern, die sich von der hohen Decke senken –, so gibt das großflächige Panoramafenster den Blick auf den gewaltigen Gletscher frei, von dem unentwegt mehrere Wasserströme über das Gestein in die Tiefe fließen. Mit diesem Ausblick versehen sitzt heute der beeindruckte Wanderer am Holztisch und löffelt seine Gulaschsuppe.

Die Berliner Hütte liegt inmitten der schönsten Gipfel der Zillertaler Alpen in Österreich. Die Anfahrt erfolgt auf der Autobahn über Kufstein nach Mayrhofen. Ein beschwerlicher Anstieg zur Hütte folgt dem Weg entlang dem Schlegeisspeicher über das Furtschaglhaus (2239 Meter) und die Schönbichler Scharte (3081 Meter), Dauer: 6–7 Stunden. Kondition und Trittsicherheit sind auf diesem Teil des »Berliner Höhenweges« gefragt. Unproblematischer erfolgt der Anstieg über das Fleckchen Breitlahner (kostenpflichtiger Parkplatz, Bushaltestelle, 1251 Meter). Von hier aus führt eine ungeteerte Fahrstraße in drei Gehstunden durch das landschaftlich sehr schöne Tal Zemmgrund hinauf zur Berliner Hütte, das letzte Stück geht über Stock und Stein (Transportlift). Kontakt zum Hüttenwirt: Rupert Bürgler, Kallerwinkel 46, A-5761 Maria Alm, Tel.: 00 43-676-705 14 73.

Begonnen hatte die Geschichte der »Berliner Hütte« freilich bescheidener. 1879 errichtete man hier zunächst einen einfachen Steinbau, der gerade zehn mal sechs Meter maß. Eine Wohnküche sowie ein Damen- und ein Herrenschlafraum boten den Alpinisten des 19. Jahrhunderts »Schutz und Trutz«. Ein Anbau hier, eine Erweiterung dort aber ließen die Unterkunft stetig wachsen. Ihren Höhepunkt fanden die Baumaßnahmen im Jahre 1912, als die heute noch bestehende Ausstattung der »Hütte« vollendet wurde. Das Berliner Haus umfasste damals 63 Zimmer mit 100 Betten, Unterkünfte für 20 Dienstboten, fünf Treppenräume, zwei Schlafräume für 24 Bergführer, einen Pferdestall sowie einen Maschinenraum. Ein eigenes Postamt (bis in die 1930er-Jahre), eine Schuhwerkstatt und die erste Telefonleitung im hinteren Zillertal kamen hinzu. Auch an eine Dunkelkammer für die Ausarbeitung von Fotografien hatte man gedacht. Und selbstverständlich waren die Schlafzimmer mit Klingelvorrichtungen ausgestattet, um das Dienstpersonal herbeirufen zu können. Gar so manchem wackeren Bergrecken war dies allerdings des Guten zu viel, ab und zu kam es zu Klagen über den Verfall der »einfachen Alpinisten-Sitten«.

Der heutige Bergsteiger freilich genießt die Weiträumigkeit der Hütte und das erhaltene Ambiente der Jahrhundertwende um 1900. Seit dem 1. Mai 1997 steht die »Berliner Hütte« unter Denkmalschutz und darf baulich nicht verändert werden. So stehen dem Wandervolk aktuell von Mitte Juni bis Ende September 76 Zimmerlager, 92 Schlafplätze im Matratzenlager und 17 Plätze im Notlager zur Verfügung. Die Übernachtung in einem der kleinen holzgetäfelten Ein- oder

Zweibettzimmer hat dabei schon einen gewissen Charme. Und wer dann aus den kleinen Fenstern auf den Waxeggkees-Gletscher blickt, weiß auch, was sich seit 1912 verändert hat: Ganz deutlich sind der Rückgang des Gletschers und die zurückgebliebenen Seitenmoränen zu sehen.

Wer übrigens glaubt, eine Bergtour zu verschiedenen Hütten sei wegen deren normalerweise schlichter Ausstattung eine preiswerte Art des Urlaubs, der irrt. Ab einer gewissen Höhe steigt auch das Preisniveau der Dienstleistungen, sprich die Kosten für Essen und Übernachtung. Kommt hier das Alpenvereinsmitglied in den Genuss von Vergünstigungen (z. B. das preiswerte »Bergsteigeressen« oder halbierte Kosten für die Übernachtung), so hat der »normale« Wanderer tiefer in das Portemonnaie zu greifen: 28 Euro kostet derzeit eine Übernachtung im Zimmer auf der »Berliner Hütte«, ein Frühstück um die 8–10 Euro, das Abendessen von fünf (Speckbrot) bis 10 Euro (Rahmgeschnetzeltes). Der Grund für die alpine Preisgestaltung ist auch klar: Sämtliche Lebensmittel müssen mit großem Aufwand (Transportlift) zu den Hütten gebracht werden, die Saison ist für die Wirte mit rund vier Monaten sehr kurz.

MÄNNERINDIKATOR: Im Frühtau zu Berge – starke Wadln, das schweißgetränkte Bergsteigerhemd, im Rucksack Speck und Enzian, das Brotzeitmesser in der Lederhose –, alles Natur pur und Fitness voll. Hoher Sport- und Ausdauerfaktor.

40

DER TON DES FRIEDENS

ROVERETO, ITALIEN

Mächtig hallen die Schläge der schweren Glocke durch den Abend. »Nichts geht durch den Frieden verloren. Alles kann durch den Krieg verloren gehen«, ist auf ihr zu lesen. Wir befinden uns auf dem Hügel Miravalle oberhalb der trentinischen Stadt Rovereto, unweit der militärischen Gedenkstätte »Castel Dante«, wo die Gebeine von mehr als 20.000 italienischen, österreichischen, tschechischen und ungarischen Gefallenen ruhen.

Rovereto – das ist für viele nur eine Stadt neben der Brenner-Autobahn auf dem Weg zum Gardasee, für andere aber der Ausgangspunkt zu Bergtouren hinauf auf den Monte Pasubio. Dort oben sind noch immer die Spuren jener Zeit zu sehen, auf die die Friedensglocke zurückgeht: die verheerenden Alpenschlachten des Ersten Weltkriegs. Wer auf der einst aus militärischen Gründen angelegten Schotterpiste – der *Strada degli Eroi* (»Straße der Helden«) – den Weg hinauf in die Berglandschaft nimmt, erreicht schließlich auf 1934 Meter Höhe die Berghütte »Rifugio Generale Achille Papa« – benannt nach einem italienischen General. Dahinter öffnet sich auf einer Hochebene die von Granaten, Verteidigungsstellungen und Kasematten zerfurchte Landschaft, die auch heute noch deutliche Spuren des Krieges trägt. Der »Alpenkrieg« war wohl eines der härtesten, erbittertsten und sinnlosesten Gemetzel dieser Zeit, und hier verlief ab 1916 die Front zwischen den Österreichern und den Italienern. Kaum mehr als 100 Meter voneinander entfernt lagen sich hier auf den beiden Gipfeln Dente Austriaco und Dente Italiano die feindlichen Armeen gegenüber und beschossen sich unentwegt. Ein Berg, durchlöchert von Festungsstollen und vollgepackt mit schwerer Artillerie, bis der eine Hügel schließlich vollkommen in die Luft gesprengt wurde.

Heute ist es – jedenfalls unter der Woche – hier oben ruhig und einsam. Nur fern am Horizont tauchen die Silhouetten entfernter Wanderer am Grat auf. Der Monte Pasubio ist heute Teil des »Friedenspfades«, eines mehrere hundert Kilometer langen Wanderwegs entlang dem ehemaligen Frontverlauf. In der Tat herrscht Frieden hier oben, und über das ehemalige Schlachtfeld ziehen die Nebel. Zwischendurch blinzelt die Sonne durch und scheint auf wunderbar blaue Vergissmeinnicht, auf buttergelbe Gemswurzen, auf das leuchtend lila Leimkraut. Dazwischen finden sich jedoch immer wieder Stacheldrahtreste. Es gibt Spezialisten, die hier oben in den ehemaligen Schützengräben und Unterständen nach militärischen Überresten suchen: nach Patronen, Koppeln, Gasmasken. Derartige Souvenirjäger gibt es auf allen ehemaligen Schlachtfeldern, und auch am Monte Pasubio werden sie zwischendurch immer wieder fündig. Einige versuchen ihr Glück, indem sie sogar abgesoffene Verteidigungsstollen entwässern. In dem zerklüfteten Gelände finden sich auch immer wieder Grabkreuze, die zum Gedenken

Friedensglocke von Rovereto. Adresse: Campana dei caduti, Colle di Miravalle, 38068 Rovereto (TN).

an die Tausende Gefallener mahnen – ihre ausgegrabenen Gebeine sind am Fuß dieser Holzkreuze angeordnet.

Drunten im Tal widmet sich in Rovereto ein Kriegsmuseum den Schlachten, die oben am Berg geschlagen wurden. Hier ist allerlei Kriegsgerät zu sehen: Kanonen, Mörser, Gewehre, Maschinengewehre, Uniformen. Von den Soldaten sind nur einige Fotografien geblieben. Aber ihnen gilt das tägliche Leuten der großen Glocke von Rovereto: Die Gefallenen aller Kriege zu ehren und Frieden und Brüderlichkeit unter den Völkern der ganzen Welt herbeizubeschwören, das waren seinerzeit die Motive des roveretanischen Geistlichen Don Antonio Rossaro, eine Friedensglocke zu schaffen.

Die Glocke wurde am 30. Oktober 1924 in Trient aus der Bronze der von den am Ersten Weltkrieg beteiligten Nationen gestifteten Kanonen gegossen. Am 24. Mai 1925 erfolgte die Namensgebung, man taufte sie auf den Namen »Maria Dolens«. Der Klang freilich ließ zu wünschen übrig und 14 Jahre später wurde die Glocke in Verona eingeschmolzen und neu gegossen. Im Mai 1940 kehrte sie wieder nach Rovereto zurück, um ihre Weltfriedensmission wieder aufzunehmen – doch da hatte längst ein neuer Weltkrieg begonnen. Anfang der 1960er-Jahre wurde die Glocke erneut eingeschmolzen und neu gegossen, da ein Riss nicht mehr zu reparieren war. Papst Paul VI. segnete sie am 31. Oktober 1965 auf dem Petersplatz in Rom, und am 4. November ging die Glocke im Triumphzug weder nach Rovereto zurück, wo sie auf dem Colle di Miravalle installiert wurde.

Für diejenigen, die vor diesem Denkmal der Kriegsgefallenen ein Gebet sprechen, haben die Päpste Pius XI. und Pius XII. einen besonderen Ablass vorgesehen. Die Glocke schlägt jeden Abend hundert feierliche Schläge, um an die Gefallenen der Kriege in aller Welt zu erinnern. Heute ist die Friedensglocke von Rovereto ein internationaler Treffpunkt verschiedener Religionen geworden, ein Ort des Gesprächs über Themen des Friedens, der Toleranz und der Menschenrechte.

MÄNNERINDIKATOR: Das Schlachtfeld auf den Gipfeln und die Friedensglocke von Rovereto zeigen: Testosteron lieber woanders nutzen! Hoher Nachdenklichkeitsfaktor.

41

DIE VERGESSENEN ATOMBUNKER DER DDR

COTTBUS, DEUTSCHLAND

Die olle MZ knattert munter vor sich hin. Gebaut 1984 in Zschopau, scheint das metallicblaue Motorradgespann aus der ehemaligen DDR genau das richtige Gefährt zu sein, um eines der Geheimnisse von Ostdeutschland zu erkunden: die atombombensicheren Bunkeranlagen, tief in der Erde und praktisch vergessen. Doch ein Dutzend von ihnen sind inzwischen als private Museen zu besichtigen.

Die Reise führt uns in Richtung Süden, runter nach Sachsen, dort sitzen die Jungs vom Militärmuseum Kossa in ihrem Bunker. Die Fahrt geht ruhig über die Dörfer, in dem Örtchen Jessen gibt es gar Weinberge. Bei Pretzsch geht es mit der Fähre über die Elbe, im Nu ist man drüben – der Fluss ist hier nicht sehr breit, am anderen Ufer beginnt eine mehr hügelige Landschaft. Schließlich geht es linker Hand in das Örtchen Kossa und hinter dem Bahnübergang gleich links in die »Pampa« – über Betonschwellen rattert man in Richtung Bunker durch den Wald.

Wie üblich steht oben nur eine Baracke, die »geheime Kommandosache« liegt natürlich unter der Erde. Es gibt erst mal eine Bockwurst und eine Tasse Kaffee, der Sommer in Deutschland kann mittlerweile ganz schön kalt sein. Dann traben wir zu einem Verschlag, hinter dem man höchstens die Latrine oder Gartenwerkzeug vermutet, er ist aber der Eingang zu einem unterirdischen Gefechtsstand. 48 Mann Personal hielten früher die Anlage mit Direktverbindung nach Moskau ununterbrochen einsatzbereit.

Als das elektrische Rolltor am Eingang des Geländes hinter uns wieder zurollt, rollen wir auf unserem dreirädrigen Gespann gen Osten, entlang von Alleen geht es Richtung Cottbus, gut 170 Kilometer weit in die Nähe der polnischen Grenze. Über uns ziehen die Wolken, mal blinzelt die Sonne, mal deutet sich ein Schauer an.

Früher arbeiteten um Cottbus herum fast 80.000 Menschen im Tagebau und der Textilindustrie, heute sind von diesen Arbeitsplätzen nur noch wenige geblieben – die Stadt schrumpft, die Menschen ziehen weg. Seinen Arbeitsplatz hat seinerzeit auch Bernd verloren. Er begrüßt uns am Eingang zum »Militärhistorischen Museum Kolkwitz«, gut zehn Kilometer westlich von Cottbus. Der Mann ist Experte, was den hiesigen Bunker anbelangt, war er doch als Oberstleutnant der letzte Kommandant des »Gefechtstandes der Luftstreitkräfte«, wie die Anlage offiziell heißt. Draußen steht unser blaues DDR-Gespann, und wir gehen rein in den grünen DDR-Bunker. Und hier gibt es wirklich eine interessante Geschichte zu sehen und zu hören: Wie an einer riesigen, meterhohen transparenten Tafel

Bunkermuseum Kossa (bei Bad Düben), Gefechtsstand aus DDR-Zeiten. Adresse: Dahlenberger Straße 1, 04849 Kossa.

Militärhistorisches Museum Kolkwitz, Gefechtsstand der Luftstreitkräfte der NVA. Adresse: Am Technologiepark, 03099 Kolkwitz (westlich von Cottbus).

Atombunker Harnekop, großer Bunker des DDR-Verteidigungsministeriums für den Ernstfall, Adresse: Lindenallee 1, 16269 Harnekop.

die einfliegenden Flugzeuge aufgezeichnet wurden, das Direkttelefon nach Moskau, die Abhörzelle der Stasi – wie im Film, nur echt. Wer will, kann die Führung auch mit original DDR-Liedgut haben, Lautsprecher gibt es in jedem Raum.

Die letzte Etappe unserer Bunkertour beginnt. Vollgetankt und aufgepackt rollen wir nach Nordwesten, dem Spreewald entgegen. Das Ziel ist der große Atombunker bei Harnekop. Auch diese Anlage liegt weitab im Niemandsland, die Fahrt geht vorbei an ein paar kleinen Dörfern, dann zeigt das Schild nach links. Über mit Löchern versehene Betonteile gelangen wir schließlich in ein Militärgelände. Vor einem mit Stacheldraht gesicherten Tor machen wir halt, bis man uns einlässt.

Das Ganze ist als Schulungsgebäude getarnt, doch im Keller des Gebäudes befindet sich der Eingang zum Großbunker. Unsere Führerin ist eine zierliche Frau, und wenn sie die zweieinhalb Tonnen schwere Bunkertür öffnen will, muss sie ihr ganzes Körpergewicht zum Einsatz bringen. Dann geht es hinab, 21 Meter tief in die Erde. Hier, 37 Kilometer östlich von Berlin, war zu DDR-Zeiten die »Hauptführungsstelle des Ministeriums für Nationale Verteidigung« untergebracht. Im Kriegsfall wären aus den drei Etagen des Bunkers heraus die Mobilmachung der Streitkräfte und der »Gegenschlag« organisiert worden.

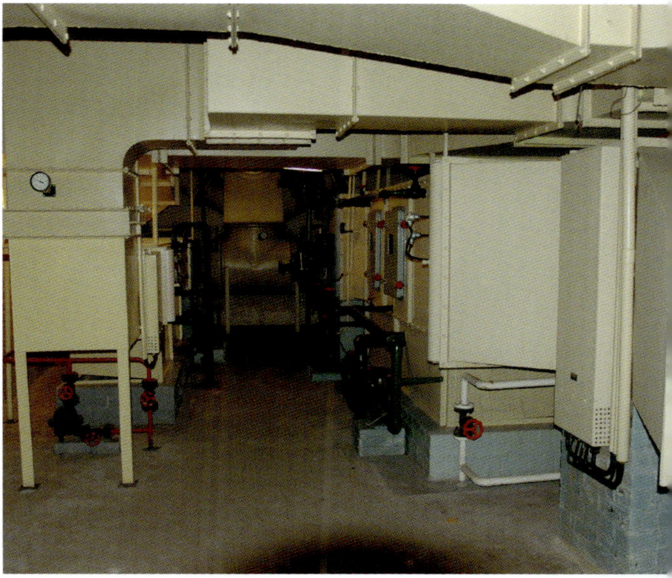

Heute ist der Bunker in Privatbesitz, und der »Förderverein Denkmal Bunker Harnekop« bietet täglich Führungen durch die Anlage an. Heute ist Mittwoch, und in Harnekop hat sich der frühere Feind zu einer Führung angemeldet: Zwei Dutzend Feldjäger der Bundeswehr werden durch die Bunkeranlage geschleust. Zusammen besichtigen wir das Lagezentrum mit den Monitoren und Kartenwänden, die Privaträume des Verteidigungsministers mit der türkisblauen Sitzgarnitur aus den 1970er-Jahren, die Fernmelde- und Computerzentralen mit den Robotron-Monitoren. Auf der zweiten Etage befindet sich der Versorgungstrakt mit Küche und Kantine, auf der dritten Etage ist die Technik für Luft, Wasser und Strom untergebracht. Die Anlage – einer der modernsten Schutzbauten der DDR – wurde von 1971 bis 1976 erbaut und war für 455 Personen ausgelegt, die bis zu 25 Tage im Bunker bleiben konnten.

Zwei Stunden dauert die Führung, dann sind wir wieder oben. Die Jungs von der Bundeswehr werden ihren Besuch mit einem Grillabend ausklingen lassen. Wir genehmigen uns dagegen vor der Rückreise ein paar Löffel Erbsensuppe »nach Original-Rezept der NVA«.

MÄNNERINDIKATOR: Eine Tour durch die vergessenen Bunker der untergegangenen DDR erlaubt Einblicke in eine geheime Welt. Hoher Geschichts- und Abenteuerfaktor.

42
DAS DONNERN DES PACAYA

PACAYA, GUATEMALA

Es ist ein unendlich schweißtreibender Anstieg. Längst sind T-Shirt und Stirnband klatschnass, das Trinkwasser in den Plastikflaschen geht zur Neige. Der Rucksack fühlt sich an, als wären Ziegelsteine darin. Später werden wir allerdings froh sein, dass wir ein paar Sachen zum Wechseln dabeihaben. Das Tempo, das der Guide an den Tag legt, ist nicht schlecht. Kein Wunder, wahrscheinlich steigt er dreimal die Woche mit einer Gruppe Touristen wie uns diesen Berg hoch. Munter schreitet er an der Spitze unserer Kolonne voran. Vor ein paar Stunden noch saßen wir alle in dem Bus, der uns von Antigua aus zum Einstieg in den Aufstieg gebracht hat. Wir sind ein gutes Dutzend Leute, ein paar Amerikaner, Franzosen, Deutsche.

Nach rund drei Stunden Marsch, zuerst durch den Regenwald, dann durch die dünner werdende Vegetation, erreichen wir die letzte Etappe des Anstiegs. Nun geht es durch schwarzen Lavasand, und bei jedem Fußtritt rutscht man die Hälfte der Strecke wieder zurück. Das ist äußerst mühsam und kostet uns die letzten Kräfte. Schließlich kriechen wir fast auf allen vieren und sind dann endlich, endlich oben angelangt.

Und die Mühe hat sich gelohnt. Denn wir werden mit einem gigantischen Ausblick hinüber zum Krater des Pacaya, des mächtigen Vulkans, entschädigt. Wir wechseln die verschwitzte Kleidung, denn hier oben ist es kühl. Langsam wird es dämmrig – und dann beginnt das Schauspiel: Glühend rot und gelb spuckt der Pacaya die Lava in den Himmel, es sind Fontänen aus Feuer und Schwefel, und es kommt einem vor, als würde man einen Blick in die Hölle tun. Das ist

Der Pacaya ist einer von 37 Vulkanen in Guatemala, von denen drei noch aktiv sind. Er liegt eine halbe Autostunde südlich der Hauptstadt Guatemala-City, dort und anderswo (zum Beispiel in Antigua) werden geführte Touren zum Gipfel angeboten. Ein Tipp: Bei den Nachmittagstouren lassen sich die Eruptionen besonders gut beobachten. Da der Rückweg teilweise im Dunkeln absolviert wird, sollte man eine Taschenlampe mitnehmen.

wohl sicherlich einer der erhabensten Momente unserer Reise, hoch in den Bergen von Guatemala dem feuerspuckenden Vulkan bei seiner Tätigkeit zuzusehen. Und wir sind froh, dass genügend Abstand zwischen ihm und uns ist, manchmal fallen selbst aus dieser Entfernung noch kleine Ascheteilchen auf uns herab.

Kein Wunder, ist der Pacaya doch einer der aktivsten Vulkane auf unserem Planeten. Das vulkanische Gebiet des Pacaya setzt sich aus mehreren Kegeln und Domen zusammen, und man findet mehrere Gipfel: etwa den Cerro Chino oder den Cerro Grande, beide seit Langem nicht mehr aktiv. Der aktuell feuerspeiende Kraterkegel ist der McKenney Cone. Zu Zeiten der spanischen Kolonialherrschaft soll der Pacaya mindestens 23 Mal ausgebrochen sein. Danach war erst mal Schicht im Schacht, der Vulkan ruhte. 1962 wurde erneut vulkanische Aktivität festgestellt, ein Bereich des Gipfels begann einzusinken. Seither ist der Vulkan fast ununterbrochen aktiv, spuckte vor allem zwischen 1989 und 1991. Im Januar 2000 mussten mehrere Dörfer der Umgebung evakuiert wurden. Im Dezember 2008 flossen Lavaströme aus dem Vulkan, hinzu kamen kleine sogenannte strombolianische Eruptionen (benannt nach dem italienischen Vulkan Stromboli). Das bedeutet, dass es in unregelmäßigen Abständen zu größeren und kleineren Eruptionen kommt, das ausgeworfene Material fällt dabei meist in den Krater zurück. Die

Ursache ist ähnlich wie bei den Geysiren: In einer gewissen Höhe des Vulkanschlotes ist der Druck der Gase größer als der Druck durch das Gewicht der über den Gasen befindliche Flüssigkeit. Die entstehenden Gasblasen steigen daher auf und reißen beim Zerplatzen an der Oberfläche Magmateile mit sich. Durch die Entgasung erhöht sich die Dichte der Schmelze, die eine weitere Entgasung vorübergehend verhindert, während sie absinkt. Ist die Dichte der Schmelze so weit gesunken, dass der Gewichtsdruck wieder geringer ist als der Gasdruck, steigen erneut Gasblasen auf.

Empfindliche Auswirkungen hatten die Eruptionen am 28. Mai 2010. Damals stieg eine Aschewolke in mehr als tausend Meter Höhe auf und ging schließlich über der Hauptstadt Guatemala-City nieder. Dort lagerte sich eine sieben Zentimeter dicke Ascheschicht ab. Der Flughafen musste gesperrt werden, und in einigen Regionen wurde der Notstand ausgerufen. Durch die Lavaströme wurde zudem der Wald am Fuß des Vulkans in Brand gesetzt.

MÄNNERINDIKATOR: Todesnähe, aber auch fruchtbares neues Leben durch die Lava, enorme Kräfte aus dem Innern der Erde, gewaltige Eruptionen – der Pacaya ist einer der wenigen Plätze dieser Erde, wo man einem aktiven Vulkan so nahe kommt. Hoher Sensations-, Sport- und Besinnungsfaktor.

43

VERY LOCKER AUF CAYE CAULKER

CAYE CAULKER, BELIZE

Caye Caulker liegt ungefähr 24 Flugstunden von der Frankfurter City entfernt, und genauso groß ist die Entfernung von den Staus auf der Autobahn, dem schlecht gelaunten Chef, dem kalten Regenwetter, der Steuererklärung und dem Jammern über das Rentenniveau. Auf Caye Caulker (sprich: »Ki Koker«) geht es um andere Dinge. Um einen blauen Himmel, um lange Strände, um warmes, kristallklares Wasser. Hier lautet das Motto »Go slow!«, und Autos sucht man vergebens. Das Paradies ist acht Kilometer lang und zwei Kilometer breit und liegt etwa 35 Kilometer von Belize City, der größten Stadt des zentralamerikanischen Staates Belize entfernt. Und wer auf »Ki Koker« nicht wirklich locker wird, dem ist nicht zu helfen.

Belize? Ja, diesen Staat gibt es. Noch nicht so richtig lang, denn er wurde erst 1981 gegründet, als sich die ehemalige Kolonie Britisch-Honduras für selbstständig erklärte. Belize grenzt im Norden an Mexiko, im Westen und Süden an Guatemala. Aufgrund der kolonialen Vergangenheit spricht man hier Englisch, die Bevölkerung bildet ein buntes Gemisch aus Nachfahren der Maya, Nachfahren von Sklaven, Mestizen und

blonden Einwanderern aus den USA und Deutschland, wie etwa den Mennoniten. Vor der Küste von Belize liegen zahlreiche Korallenriffe, kleine Inseln, Sandbänke und Atolle. Das dortige Riff mit seinen Cayes ist nach dem australischen Great Barrier Reef immerhin das zweitgrößte Korallenriff der Welt. Die meisten der Cayes und die Küsten außerhalb der Städte und Ortschaften sind mit dichten, ausgedehnten Mangrovenwäldern bewachsen, sie schützen auch die Küste vor der Abtragung durch das Meer.

Von Belize City aus erreicht man Caye Caulker mit der Fähre in etwa einer Stunde. Es gibt aber auch ein paar private Motorboote, die einen zu dem kleinen karibischen Paradies bringen. Betritt man die Insel, scheint sich automatisch der Pulsschlag zu verlangsamen. Man braucht hier keine Schuhe und auch keine Shirts, wie auf einer Hauswand zu lesen ist, die Luft ist mild und die Temperatu-

Caye Caulker ist die zweitgrößte Insel vor der Küste von Belize, einem zentralamerikanischen Staat. Obwohl es ein paar luxuriöse Hotels gibt, gilt die Insel als ein Paradies für Rucksacktouristen. Eine der größten Attraktionen ist das dortige Riff, zu dem Tauchfahrten angeboten werden.

ren sind angenehm, ein steter Wind vom Meer her sorgt für Erfrischung. Die Insel besteht aus Sand, und wenn es hier Vehikel auf vier Rädern gibt, dann sind es meist elektrische Golfkarren.

1961 tobte allerdings der Hurrikan Hattie über die Insel und hinterließ einen bleibenden Eindruck. Seitdem besteht Caye Caulker quasi aus zwei Inseln, die durch einen Graben, genannt »The Split«, getrennt sind. Der nördliche Teil beherbergt heute ein Naturschutz- beziehungsweise Meeresschutzgebiet, in dem Mangroven und Kokospalmen wachsen. Es ist ein Rückzugsgebiet für viele Vögel, die dort nisten und die Jungen ausbrüten. Südlich des Splits befindet sich die Hauptinsel mit dem Ort Caye Caulker Village. Früher gab es auf der Insel Schiffsbau, heute leben die rund 2000 Einwohner vor allem vom Tourismus und dem Fischfang.

Das Leben auf Caye Caulker geht seinen eigenen Gang, eine Unterkunft zu finden ist in der Regel kein Problem. Es ist friedlich hier, und wenn am Abend die Sonne untergeht, lässt sich auf einer der vielen Terrassen der Kneipen und Restaurants dieser oder jener Cocktail genießen. Einige der örtlichen Rastafari-Jungs handeln mit diversen Pülverchen, ansonsten gibt es für die Polizei nicht wirklich viel zu tun. Wer sich die Zeit nimmt und länger als drei Tage hier bleibt, läuft freilich Gefahr, langsam in eine karibische Lebensweise mit einer anderen Zeitrechnung hineinzugleiten. »Nimm's locker auf Ki Koker«, heißt es dann – und nach zehn Tagen gibt es die Frankfurter Innenstadt gar nicht mehr.

MÄNNERINDIKATOR: Sonne, Palmen, Meer – was sich liest wie eine Bacardi-Werbung, ist hier tatsächlich real. Und noch eher unentdeckt. Hoher Fun- und Entspannungsfaktor.

MIRAMAR
HOTEL

44

DIE LANGE FAHRT ZU CHE GUEVARA

SANTA CLARA, KUBA

»Treinta«, sagt der Mann mit dem verwaschenen blauen T-Shirt. Wir stehen auf dem Mittelstreifen des Paseo del Prado, der Hauptverkehrsader von Cienfuegos. Die Provinzhauptstadt liegt gut 230 Kilometer östlich von Havanna auf Kuba, und die gut erhaltene Altstadt mit ihrer Architektur aus der spanischen Kolonialzeit zieht etliche Touristen an. »Treinta«, sagt der junge Mann noch einmal, während links und rechts alte russische Motorradgespanne, amerikanische Oldtimer aus den 1960er-Jahren und auch einige moderne Autos vorbeilärmen. Wir werden uns handelseinig, dass er uns für diese Summe mit seinem Privatauto nach Santa Clara fährt. Um die Ecke wartet sein Gefährt. Die Bezeichnung »Auto« wäre beschönigend, denn was einst ein russischer Lada war, ist mittlerweile nur noch eine alte Blechkiste auf vier Rädern, ohne seitliche Fensterscheiben, ohne Innenverkleidung der Türen, ohne Tank, wie sich später herausstellt. Der Gedanke an Sicherheitsgurte ist ebenso lächerlich wie der Gedanke an ein reichliches Warenangebot in den kubanischen Läden.

Der junge Mann, Jerome heißt er, startet nun auf irgendeine Weise das mit blauer Farbe zusammengehaltene Vehikel, und los geht die Fahrt in das 60 Kilometer entfernte Santa Clara, los geht die Fahrt hin zum allgegenwärtigen Helden der kubanischen Revolution – zu Che Guevara. Beziehungsweise zu dem Mausoleum mit dem großen Che-Denkmal, unter dem die Gebeine des Revolutionärs und die von 38 seiner Genossen ruhen.

Zunächst aber macht Jerome mit seiner Klapperkiste einen rasanten Schlenker und biegt in eine Nebenstraße ein. Über ungeteerte Wege und vorbei an niedrigen Hütten knattern wir parallel zur Hauptstraße die Straße entlang. »Policiá«, sagt Jerome leicht grinsend, und an diesem kurzen Abstecher von der Hauptstraße wird klar, dass Jerome Verbotenes tut: Der gewerbliche Transport von Fahrgästen ohne Lizenz ist nicht erlaubt.

Warum das trotzdem in Kuba gang und gäbe ist, kann man erfahren, wenn man sich zur Busstation begibt und dort nach der nächsten Fahrgelegenheit nach Santa Clara fragt, immerhin eine Stadt mit mehr als 100.000 Einwohnern. »No«, heißt es dort gegen neun Uhr morgens am Busschalter, nur am Spätnachmittag gehe noch ein Omnibus in die nahe Stadt – zu spät, um am gleichen Tage wieder zurückzukehren. Aber es gibt ja noch die nahe Eisenbahnstation. Ein Angestellter schüttelt freilich nur den Kopf: »Nach Santa Clara? Heute? Nein, heute geht überhaupt kein Zug!« Ein kubanisches Eisenbahnnetz ist zwar vorhanden, die Fahrpläne aber sind so unbestimmt wie die Zukunft des Sozialismus auf der Zuckerrohrinsel.

Das »Museo y Monumento Memorial Comandante Ernesto Che Guevara« (»Museum und Monument der Erinnerung an den Kommandanten Ernesto Che Guevara«) befindet sich in Santa Clara, einer Stadt mit 200.000 Einwohnern in Zentral-Kuba. Erbaut wurde es nach den Plänen des Architekten Jorge Cao Campos und des Bildhauers José Delarra. Eröffnet wurde die Anlage 1988.

Wir sind mittlerweile auf die Autobahn eingebogen und nähern uns Santa Clara. Wenn es leicht abwärts geht, kuppelt Jerome den Gang aus und lässt die Rostlaube dahinrollen, um Sprit zu sparen. Wird es wieder ebener, drückt er mit einem mächtigen Krachen des Getriebes den vierten Gang hinein. In der Ferne tauchen die ersten Anzeichen der Stadt auf.

Santa Clara nimmt in der Geschichte der kubanischen Revolution einen besonderen Platz ein. Hier wurde im Dezember 1958 von den Guerilleros die entscheidende Schlacht gegen die Armee des kubanischen Diktators Batista geschlagen. Der Argentinier Ernesto Guevara führte die siegreiche Rebellentruppe an. Sie brachte in Santa Clara auch einen Panzerzug zum Entgleisen, der Soldaten und Waffen in den ebenfalls umkämpften Osten der Insel bringen sollte. Am 31. Dezember fiel Santa Clara, und am 8. Januar zog Fidel Castro in Havanna ein, der Beginn einer lange andauernden Herrschaft.

Ernesto »Che« Guevara und seine ikonografische Präsenz ist heute ein weltweites Phänomen. Sein Porträt schmückt unzählige T-Shirts und Poster – ein Bild, in dem sich Rebellion und Jugendlichkeit, Militanz und Sehnsucht, Entschlossenheit und Entrücktheit verbinden, wie ein Biograf schrieb. Während Bilder von Fidel Castro in der Öffentlichkeit eher selten sind, umgibt Che Guevara mittlerweile längst ein Glorienschein und er wird auf Kuba verehrt wie ein Heiliger.

Wir erreichen das Mausoleum. Dominiert wird das Denkmal von einer großen Bronzestatue von Che, mit Gewehr und eingegipstem Arm (er hatte ihn sich in der Schlacht gebrochen). Daneben zeigt ein Flachrelief Kampfszenen und Zitate von Guevara. Das Denkmal auf dem Platz der Revolution wurde 1988 anlässlich des 30. Jahrestags der Erstürmung der Stadt eingeweiht. Heute ist es eher ruhig hier, nur eine Gruppe Lateinamerikaner klettert die Stufen hinauf und hinunter, eifrig werden Fotos geschossen. Unten am Platz hält eine dieser großen alten Limousinen aus den 1950er-Jahren, und dem Innenraum entsteigt eine achtköpfige Familie.

Warum Che Guevara zum Jugend-Idol und Quasi-Heiligen wurde, kann man im Museum unter dem Denkmal erfahren. Kinderzeichnungen, ärztliche Geräte, eine Fotokamera, Gewehre und eine Pistole sowie ein Blechnapf erzählen die Geschichte eines Mannes, den Jean-Paul Sartre als den »vollkommenen Menschen« bezeichnet hat, bei dem sich Theorie und Praxis, humanistisches Engagement und bewaffneter Kampf paarten. Der mit großer Selbstdisziplin sein Asthma ertrug und Gewaltmärsche absolvierte. Der sich nie selbst bereicherte und keinen Vorteil aus seinen Ämtern in der kubanischen revolutionären Regierung zog. Es hat gedauert, bis man (im Westen) zum Mythos des Che noch etwas anderes anzumerken hatte. Dass seine Unternehmungen oft halsbrecherisch und nahezu selbstaufopfernd waren. Oder dass seine Einschätzungen der Lage im Kongo und in Bolivien falsch waren.

Erst 1997 wurden seine Gebeine in Bolivien gefunden, identifiziert und nach Kuba überführt. Heute ruhen sie mit denen von 38 Genossen vereint im Mausoleum neben dem Museum, in eine Wand eingelassen. Das Grabmal ist einer Höhle nachempfunden, und in einer Ecke brennt eine Ewige Flamme, Fotografieren ist verboten.

MÄNNERINDIKATOR: Geschichtsträchtiger Ort, der dazu einlädt, sich mit dem Mythos von Che Guevara auseinanderzusetzen. Hoher Revolutions- und Guerillafaktor.

45
DIE TAFELBERGE DES JOHN FORD

MONUMENT VALLEY, ARIZONA

Wir liegen mit unseren Schlafsäcken auf dem Campingplatz im Wüstensand und blicken hinunter auf das gewaltige Panorama, das sich vor uns entfaltet. Das hier ist das Monument Valley mit seinen berühmten roten Tafelbergen. Neben der Erhabenheit der Natur gibt es auch Kultur zu bestaunen: Schließlich kennt man diese Naturkulisse bereits aus unzähligen Filmen und Werbeplakaten. Fährt da nicht eine Postkutsche durch die Wüste, verfolgt von einem Trupp Indianer? Und reitet da nicht der Marlboro-Mann durch das Bild, bevor er sich im Sonnenuntergang eine Zigarette anzündet? Sind da nicht Rauchzeichen und dort Staubwolken, aufgewirbelt von den Hufen der US-Kavallerie? Manchmal ist an den USA das Interessanteste, dass sich das große Land auch wirklich so präsentiert, wie man es aus dem Kino und dem Fernsehen kennt. Das Monument Valley also. Dabei handelt es sich um eine Ebene auf dem Colorado Plateau im südlichen Teil des US-Bundesstaates Utah an der Grenze zu Arizona. Das Valley befindet sich zu einem kleinen Teil im Gebiet der Navajo-Indianer, deren Reservat fast 70.000 Quadratkilometer umfasst und sich über die US-Bundesstaaten Arizona, New Mexico und Utah erstreckt. Zum größten Teil besteht es aus weitgehend unberührter Wildnis mit Schluchten, trockenen Wüsten und flachem Land. Für die Navajos ist das Monument Valley ein heiliger Ort.

SLOTS • VIDEO POKER
LIVE 21 • POKER • BINGO
STOP

Die nächstgelegene Stadt zum Monument Valley ist Kayenta in Arizona, sie liegt 30 Kilometer südlich an der US 163.

Charakteristisch für die Ebene sind die Tafelberge, die einsam oder in Gruppen aus der Wüste herausragen. Zu den bekanntesten gehören die »Mittens«, zwei Erhebungen mit daumenähnlichen Türmen. Andere Felsformationen haben Namen wie »Castle Butte«, »Sitting Hen« oder »Three Sisters«, die drei katholischen Nonnen in Tracht ähnlich sehen sollen. Entstanden sind diese »Monumente« durch Erosion: Wind und Wetter trugen die weichen Gesteinsschichten ab und schufen so die gewaltigen Tafelberge, die bis zu 300 Meter über die Hochebene des Colorado-Plateaus aufragen. Die rötliche Farbe der Felsen hat ihren Grund in dem Eisenoxid, das im Gestein enthalten ist.

Bevor das Monument Valley in den 40er-Jahren von den Filmstudios in Hollywood entdeckt wurde und bevor dann der Tourismus das Geld brachte, lag die Gegend völlig einsam und verlassen da. Sie wird auch als »John-Ford-Land« bezeichnet, weil der bekannte Hollywood-Regisseur John Ford dort bevorzugt seine Westernfilme drehte, darunter *Ringo* (im Original *Stagecoach*) mit dem Schauspieler John Wayne. Nach Ford ist auch ein Felsvorsprung, der mehrmals als Kamerastandort verwendet wurde, benannt (»John Ford's Point«). Auch der Regisseur Sergio Leone drehte im Monument Valley seinen Italo-Western *Spiel mir das Lied vom Tod*. Und einige Szenen des Motorrad-Roadmovies *Easy Rider* mit Peter Fonda sind ebenfalls hier entstanden.

Informationen vor Ort gibt es im »Visitor Center« von Goulding. Das grenznah in Utah gelegene Goulding wurde im Jahr 1923 als Handelsposten gegründet und verfügt über die wichtigsten Serviceeinrichtungen für Reisende. Das ursprünglich aus Stein gebaute, zweistöckige Haus des Handelspostens an der »Goulding's Lodge« beherbergt heute ein Museum. Hier beginnt auch der Rundweg für Autofahrer *(Scenic Drive)* durch das Tal. Diese Staubpiste kann man entweder mit dem eigenen Auto befahren, wobei ein Geländewagen von Vorteil ist, oder man schließt sich einer der geführten Touren im Jeep an, die auch den Zugang zu jenen Teilen des Monument Valley erlauben, die ansonsten für Autos gesperrt sind. Die berühmten roten Felstürme befinden sich aber in dem für alle zugänglichen Bereich des Tals.

MÄNNERINDIKATOR: Wer als Kind Cowboy und Indianer gespielt hat, ist hier am richtigen Platz. Durch das Monument Valley zogen Dutzende echter Männer – meist vor laufenden Kameras. Hoher Natur- und Wiedererkennungsfaktor.

46

DER LEUCHTTURM IM NIRGENDWO

ÅLAND, FINNLAND

Die *Sefyr*, ein knallorange gestrichenes ehemaliges Feuerschiff, ist heute gut besetzt. Neben dem Skipper drängen sich acht Personen in der kleinen Kabine. Punkt 8.30 Uhr legt das Boot ab und steuert gen Westen hinaus auf die Ostsee. Hinter ihm verschwindet langsam der Kai von Postbryggan und mit ihm die Küste von Åland. Obwohl die Sonne scheint, wird die See zunehmend rau. Skeptisch ist der Gesichtsausdruck so mancher Landratte an Bord.

Knut Kröger hat es derweil vorgezogen, die Fahrt außerhalb der Kabine zu verbringen. Der 44-Jährige steht am Heck und hält sich mit beiden Händen fest, während der Wind an ihm zerrt. Eine ganze Stunde dauert es noch, bis Kröger schließlich den anderen Passagieren zuruft: »Ich kann schon das Dach sehen!«

Das Dach gehört zu dem Leuchtturm von Märket, einer kleinen Felseninsel zwölf Kilometer vor der finnischen Küste. Oder, um genau zu sein, der åländischen. Denn das Eiland ist die westlichste Insel des autonomen Archipels Åland, am Eingang des Bottnischen Meerbusens gelegen. Und sie ist die kleinste Meeresinsel der Welt mit einer internationalen Grenze. Denn eine Hälfte des Eilands gehört zu Schweden, die andere zu Finnland. 1885, als das heutige Finnland noch ein russisches Großfürstentum war, erbaute die russische Regierung den Leuchtturm – auch als den westlichsten Vorposten des Zarenreiches. Allerdings auf der falschen, der schwedischen Seite. Erst 1985 ermöglichte ein Gebietsaustausch die »Rückgabe« an Finnland, deshalb verläuft heute die Staatsgrenze in Z-Form um den Leuchtturm herum.

Die *Sefyr* hat mittlerweile die Insel erreicht – doch es existiert keine Kaimauer. Das Boot legt in einer kleinen, geschützten Felsenbucht an. Nicht weit davon hebt er sich in die Höhe, der Leuchtturm von Märket, ein massives Steingebäude, oben die gläserne Kuppel für das Leuchtfeuer. Das war in Betrieb bis 1979, als der letzte Leuchtturmwächter den kargen Felsen verließ. Dann stand der Leuchtturm von Märket mehr als 30 Jahre lang leer. 2007 nahm sich schließlich der finnische »Verein der Leuchtturmfreunde« seiner an, dort können sich freiwillige Helfer melden, die bei der Instandsetzung von Leuchttürmen mitarbeiten wollen. Uns so einer ist Knut Kröger. Während des Jahres arbeitet der geborene Berliner als Deutschlehrer in Helsinki, jetzt will er diesen Sommer zusammen mit fünf anderen eine Woche auf Märket verbringen.

Ein Raum im Leuchtturm dient als Kiosk: Hier werden T-Shirts mit »Märket«-Aufdruck, Postkarten und andere Souvenirs verkauft. Auch eine spezielle Briefmarke, denn die autonome Region Åland, zu der Märket gehört, besitzt ein Postmonopol. Die 28.000 Bewohner der Inselgruppe mit ihren 6500 Inseln sprechen Schwedisch und haben neben eigenen Briefmarken auch eine eigene Flagge. Die Region ist eine demilitarisierte Zone – es gibt keinen Wehrdienst, auch Kriegs-

Zur autonomen Region Åland gehören 6000 Inseln, die zwischen dem finnischen Festland und Schweden liegen. Die Insel Märket ist ein flacher, stark zerklüfteter Felsen im Bottnischen Meerbusen, über den die Grenze zwischen Finnland und Schweden verläuft.

schiffe dürfen nicht ankern – und wird außenpolitisch von Finnland vertreten. Das ist so seit 1921, als der Völkerbund die »Ålandfrage« entschied. Nach der russischen Februarrevolution hatte Finnland 1917 seine Unabhängigkeit von Russland erklärt, die schwedischsprachigen Ålander strebten aber nach der Wiedervereinigung mit Schweden. Der Völkerbund kam zu einem Kompromiss, der weder Schweden, Finnland noch Åland völlig benachteiligte. Danach blieb Åland ein Teil der finnischen Republik, bekam aber weitgehende Selbstverwaltungsrechte zugesprochen. Heute bestimmt das åländische Parlament in der Hauptstadt Mariehamn über Bereiche wie die Post, die Polizei, den Rundfunk sowie das Bildungs- und Gesundheitswesen. Schwedisch ist die einzige Amtssprache. Es gilt das sogenannte »Heimatrecht«: Bei den Landtagswahlen darf nur teilnehmen, wer mindestens seit fünf Jahren auf Åland wohnt, ausreichend Schwedisch spricht und finnischer Staatsbürger ist. Das gilt auch für den Grundbesitz und das Recht, ein Gewerbe auszuüben. Für die Außenpolitik, den Zoll, die Rechtsprechung und die Steuerangelegenheiten ist hingegen der finnische Staat zuständig. Experten meinen, das Archipel könnte so ein Vorbild für die Lösung von territorialen politischen Streitfragen sein.

Auf jeden Fall aber ist es ein Ferienparadies, etwa für Radfahrer. Quer über die Inseln führen Radwege, vorbei an bunten Holzhäusern mit Bed & Breakfas-Unterkünften. Die Eilande sind untereinander durch teilweise kostenlose Fähren verbunden, und so kann man mit dem Rad per Inselspringen von den Åland-Inseln über den sogenannten Schärengarten bis zum finnischen Festland nach Turku, der zweitgrößten Stadt im Land, gelangen. Vom Örtchen Långnäs auf Åland geht die Fähre nach Korpo, einer der unzähligen kleinen und größeren Inseln des Schärengartens. Von hier aus geht es weiter auf die Insel Nagu, wo man sich des Guinness-Rekords des längsten Tisches der Welt (160 Meter) rühmt. In der Nähe liegt die Insel Pensar mit wenigen Einwohnern, aber einem vorzüglichen Restaurant und Übernachtungsmöglichkeiten, ein Beispiel für die Abgeschiedenheit und Ruhe des Schärengartens. Über die Regionalhauptstadt Pargas gelangt man schließlich auf das Festland und taucht ein in die lebendige Atmosphäre von Turku, einst die Hauptstadt Finnlands. Hier finden sich nicht nur eine schwedischsprachige Hochschule, die Burg aus dem 13. Jahrhundert und ein preisgekröntes Handwerksmuseum, sondern auch eine Reihe von skurrilen Restaurants und Kneipen. In einer alten Schule kann man im ehemaligen Gymnastiksaal nicht nur speisen, hier wird auch Bier aus der eigenen Brauerei ausgeschenkt. Andere Kneipen sind in einer ehemaligen Apotheke, einer öffentlichen Toilette und einer Bank untergebracht. Sehr spezielle Spezialitäten werden im Wikinger-Restaurant serviert: »Rinderfilet von des Bärentöters Hof« oder das »Wildschwert des Berserkerkönigs«. Und Turku ist auch der Anlaufpunkt für die großen Autofähren, die über Mariehamn nach Schweden fahren.

Doch zurück zur Insel Märket. Hier ist Selbstversorgung angesagt. Im Leuchtturm sind einige Räume bewohnbar, von den Fenstern geht der Blick hinaus auf den Felsen, der teilweise mit grünem Moos bewachsen ist. Wer auf die Toilette will, muss raus, das Öko-Örtchen ist neben dem Turm untergebracht. Und wenn die *Sefyr* wieder abgelegt hat und schließlich am Horizont verschwunden ist, legt sich eine große Stille über die Insel, die nur von dem Kreischen der Möwen und gelegentlich anlandenden Brechern durchbrochen wird.

MÄNNERINDIKATOR: Raue See, einsame Insel, massiver Leuchtturm – was will Mann mehr, um mehrere Tage gegen die Naturgewalten (und die Öko-Toilette) zu bestehen. Hoher Tapferkeits-, Abenteuer- und Seefahrtsfaktor. Zudem politisch interessant.

47

DER GRENZÜBERTRITT AM RIO GRANDE

NATURPARK BIG BEND, USA

Er ist wohl einer der ungewöhnlichsten Grenzübergänge der USA: der Weg vom Nationalpark Big Bend in Texas über den Rio Grande hinüber nach Mexiko. Wo ansonsten Mauern hochgezogen und die Grenzkontrollen verschärft werden, ist hier noch eine Regelung aus den 1930er-Jahren wirksam, als Amerika in einer tiefen Wirtschaftskrise versank.

Der Rio Grande in Texas: Im Frühjahr ist der Fluss nur ein kleiner Wasserlauf, den man teilweise einfach barfüßig durchqueren kann. Er schlängelt sich dahin, hat in seinen wilden Tagen zerklüftete Canyons gebildet, dazwischen besteht der Untergrund oft aus Sand und Lehm. Kein gutes Fundament also für eine meterhohe Mauer. Die hier aber auch sonst fehl am Platz scheint. Es gibt hier nämlich eine Kultur des Zusammenlebens entlang der Grenze. Wie in dem Örtchen Lajitas: Dort feiert man seit »9/11«, also seit dem Angriff auf die Türme des »World Trade Centers« in New York, jeweils am 6. Mai das Festival »Voices From Both Sides« (»Stimmen von beiden Seiten«). Denn seit diesem Ereignis ist offiziell verboten, was früher gang und gäbe war: dass hier einfach die Grenze überschritten werden konnte.

Der Nationalpark Big Bend im Südwesten von Texas kann sich rühmen, einer der entlegensten, unbekanntesten und einsamsten Naturparks der USA zu sein. Zwischen Del Rio und El Paso gelegen, zählt er mit über 3000 Quadratkilometern zu den größten Naturparks der Vereinigten Staaten. Geprägt wird der Park von den gewaltigen und eindrucksvollen Gesteinsformationen in Gestalt von Canyons, Tafelbergen, tiefen Furchen und erodierter Landschaft. Hier wächst nicht viel, selbst die wenigen Kakteenpflanzen muten sonderbar und wie von einem anderen Planeten an. Der Rio Grande bildet die Grenze zu Mexiko. Drüben setzt sich der Charakter der Landschaft fort – nur dass die dortige Grenzregion noch viel weniger erschlossen ist als auf US-Seite.

So ist es auch nicht verwunderlich, dass es hier so eigentümliche Grenzübergänge wie den nach Boquillas del Carmen gibt: Die Straße durch den Naturpark schlängelt sich zwischen Tafelbergen und Schluchten dahin in Richtung Süden, bis sie schließlich auf einem kleinen Parkplatz endet. Das Gebäude dahinter ist die Grenzstation, und dort hat zum Beispiel Frederic, ein Park-Ranger, Dienst, ausgestattet mit Schusswaffe übernimmt er auch hoheitliche Aufgaben. Das Verlassen der USA ist hier nicht schwierig: Wenn sich die Tür hinter einem schließt, ist es nur noch ein kurzer Fußweg bis zum Fluss. Und drüben am anderen Ufer, in Mexiko, wartet auch schon Chaime, um mit seinem Ruderboot rasch überzusetzen. Man könnte auch einfach durch den Fluss waten, aber die Touristen wollen sich die Füße nicht nass machen. Und so verdient Chaime in vier Minuten Überfahrt 5 Dollar pro Passagier. Davon lebt das ganze Dorf.

Der Grenzübergang Boquillas del Carmen liegt im östlichen Teil des Naturparks Big Bend im Westen von Texas, 32 Kilometer vom Hauptquartier des Parks entfernt. Der Grenzübergang ist auf amerikanischer Seite von 9 bis 18 Uhr geöffnet. Den Rio Grande kann man per Boot für 5 Dollar oder auch zu Fuß durchqueren. Der Eintritt in den Park beträgt 25 Dollar.

Auf der anderen Seite werden die Besucher dann mit dem Auto oder mit Eseln in das zwei Kilometer entfernte Boquillas gebracht. Dort wiederum sitzen in einem weißen Container zwei mexikanische Grenzbeamte und stempeln die Pässe der Ankommenden – kann man machen, muss man aber nicht. Abgesehen davon ist nicht viel los: Einige Kneipen bieten günstige Mittagessen an, und Frauen verkaufen selbst gemachte Souvenirs. Ein paar Häuser, Hühner, eine staubige Straße, eine kleine, karg ausgestattete Kirche – das Dorf am Ende der Welt hat erst vor ein paar Jahren Elektrizität bekommen. Den Ort gibt es aber schon seit dem 19. Jahrhundert, als sich hier Bergleute aus den Silberminen der Sierra del Carmen und Farmer mit ihren Familien niederließen.

In der Krisenzeit der 1930er-Jahre setzte die damalige US-Regierung im Rahmen des New Deal auf eine aktive Beschäftigungspolitik, in deren Rahmen so mancher Nationalpark wie auch Big Bend entstanden ist. Damals wollte man einen internationalen, grenzübergreifenden Naturpark schaffen – der Übergang nach Boquillas ist ein Überbleibsel dieser Idee.

Der Rückweg über den Fluss ist ebenso einfach wie zuvor, Chaime legt sich wieder in die Ruder und überbrückt die gut 25 Meter Wasser. Oben an der Grenzstation geht es dann allerdings etwas kontrollierter zu. Ankömmlinge müssen ihren Reisepass einscannen lassen, und über ein Telefon wird der Einreisende zum Reiseziel und zu anderen Details befragt. Und sollten Mexikaner hier ohne Visum auftauchen, dann wäre ihre Reise auch schon wieder zu Ende. »Manchmal kommen an einem Tag nur vier Leute«, sagt Ranger Frederic, »manchmal bis zu vierhundert.« Und illegale Einwanderer? »Die gibt es hier weniger«, sagt der Uniformierte, »dazu ist es hier zu abgelegen.« Und was hält er von einem Mauerbau durch diese Landschaft, der dem internationalen Geist der Entstehungsidee zuwiderhandelt würde? Hier gibt sich Frederic bedeckt, er als Angestellter des Staates habe Neutralität zu wahren, sagt er.

Zwar ist hier der Rio Grande und damit die Grenze eigentlich problemlos per Fuß zu überwinden, doch ist das freilich nur die erste Hürde. Die amerikanische Grenzpolizei hat ein weites Netz an Kontrollpunkten über die texanische Grenzregion gelegt. Das heißt, an jeder Straße, die in Richtung Grenze führt, gibt es Kontrollstationen, dort werden Fahrer und Insassen kontrolliert und die Ausweise überprüft. Es ist ein bisschen wie bei der bayerischen Schleierfahndung, bei der auch hinter der Grenze die Zufahrtswege überwacht und Kontrollen durchgeführt werden können.

Doch zurück zum Rio Grande. Zwischen dem Übergang nach Boquillas im Naturpark und einem weiter westlich gelegenen regulären Grenzübergang in dem Städtchen Presidio liegt der kleine Ort Lajitas. Der Ort besteht eigentlich nur aus einer Tankstelle, einem Laden und einer größeren Hotelanlage mit Golfplatz und Schießständen – man ist schließlich in Texas. Auch hier ist der Rio Grande nur knietief, und auch hier war der Grenzübertritt möglich – eben bis zu besagtem Verbot nach »9/11«. Seitdem sind Familien getrennt, aber man will sich mit der Situation nicht abfinden. Deshalb hat sich eine »Big-Bend-Bürgerallianz« gegründet. Jeweils im Mai feiern hier die Anwohner in Texas und Mexiko in einem Fest den illegalen Grenzübertritt und protestieren so gegen die Politik der US-Regierung. Die Menschen versammeln sich am Ufer des Rio Grande, man planscht, spritzt sich in der Hitze gegenseitig mit Wasser an, umarmt sich, es wird Bier getrunken, Familien feiern ein Wiedersehen. Quer zum Flusslauf wird eine Menschenkette gebildet, man singt gemeinsam, es wird musiziert. Es ist eine friedliche und fröhliche Demonstration für offene Grenzen. »Technisch gesehen ist das illegal«, wird ein Grenzbeamter in der Lokalzeitung zitiert, »aber wir dulden es.«

MÄNNERINDIKATOR: Der Grenzübertritt in dem abgelegenen Gebiet von Texas garantiert einen hohen Abenteuerfaktor gepaart mit Outdoor-Erlebnis. Wer den Rio Grande zu Fuß durchquert, bekommt außerdem einen Tapferkeitsbonus (barfuß tun die Steine weh!).

48

DIE TAUSEND INSELN DES MEKONG

DON DET, LAOS

An der Decke des kleinen Holzbungalows am Ufer des Flusses sind heute Abend wieder ein paar graue Geckos unterwegs, und vom Flussufer hebt in der Dämmerung das Konzert der Frösche an. Einer von ihnen sitzt gern im Bad und sieht den Bewohnern beim Zähneputzen zu. Wir sind auf Don Det, einer kleinen, ruhigen Insel auf der laotischen Seite des Mekong, kurz vor der Grenze zu Kambodscha. Si Phan Don – »Viertausend Inseln« – nennt sich diese Region mit den verzweigten Flussarmen und den ungezählten kleineren und größeren Eilanden. Anfang März ist hier noch Trockenzeit, und der Wasserstand des Mekong, des großen asiatischen Flusses, der in China entspringt und nach Tausenden von Kilometern in Vietnam im Meer mündet. ist niedrig, seine Strömung gering.

Die Insel Don Det ist gut zwei Kilometer lang. An der Nordspitze liegt das Örtchen Ban Hua Det, wo sich entlang dem Ufer Restaurants reihen und kleine, einfache Bungalows zu mieten sind. Die Insel hat sich mittlerweile zu einem Treffpunkt für Backpacker und Reisende entwickelt, die wegen der entspannten Atmosphäre hierher kommen. Das Leben ist beschaulich, und die Preise sind niedrig. Zur Insel führt keine Brücke, über den Fluss gelangt man nur in einem schwankenden Boot. Zum Essen bestellen wir »Happy Pizza« und werden von den Zutaten happy. Aber es gibt auch Zürcher Geschnetzeltes,

bei Lutz, einem Berliner, der hier auf der Insel mit seiner laotischen Frau ein Restaurant betreibt und in das »Mama Leuah Guesthouse« eingeheiratet hat. Auf Don Det gibt es keine richtigen Straßen, sondern sandige Pfade entlang dem Flussufer. Ein Tipp: den Rollkoffer zu Hause lassen, man muss ihn sonst durch den Sand schleifen.

Auf den Viertausend Inseln geht alles langsamer und gemächlicher als sonstwo zu, die Leute sitzen auf der Veranda im Schatten oder liegen in den Hängematten. Und der Fluss reizt zum Kajakfahren. Es ist acht Uhr morgens, und noch weht eine leichte Brise, als uns das Transportboot beim Anleger unserer Unterkunft abholt. Die erste Paddelstrecke ist unkompliziert, nach gut 20 Minuten landen wir an. Die Guides ziehen die Boote das sandige Flussufer hinauf und verladen sie auf Transportkarren. Wir Kanuten gehen derweil erst mal geschätzte zwei Kilometer zu Fuß. Das Ziel: ein Wasserfall, der in eine kleine Schlucht stürzt. Unten in den Wasserbecken lässt sich ein erfrischendes Bad nehmen. Nach dem Wasserfall geht es noch ein Stück zu Fuß weiter, bis wir wieder an das Ufer eines Mekong-Armes gelangen. Dort warten schon die Kajaks in der Sonne, und die Guides bereiten das Mittagessen zu: kleine Barbecue-Spieße, ein gekochtes Ei, eine gekochte Kartoffel, Tomatenscheiben und danach Stücke von Ananas,

Don Det liegt im Mekong auf laotischer Seite direkt vor der Grenze zu Kambodscha. Der nächste internationale Flughafen ist Pakse 135 Kilometer nördlich, er wird von Kambodscha und Thailand aus angeflogen. Es gibt eine Busverbindung in die kambodschanische Hauptstadt Phnom Penh. Don Det ist nur per Fährboot von Nakasang auf dem Festland aus zu erreichen, die Überfahrt dauert gut zehn Minuten. Beste Reisezeit ist die Trockenperiode von Oktober bis Februar. Unterkünfte gibt es auf Don Det reichlich, meist in Form einfacher Kabinen am Flussufer und in Kombination mit einem Restaurant. Die einfachsten Hütten kosten weniger als 10 Euro, es gibt auch einige besser ausgestattete Unterkünfte mit höheren Standards.

Bananen und Wassermelone. Die Guides sorgen auch für Wasser, lassen aber die Plastikflaschen schon mal in der Sonne stehen. Überhaupt: Plastik! Auch in Laos prägt der Plastikmüll Straßen, Flüsse und Ortschaften. Ein Teil der Reste von unserem Mittagessen wird in Tüten eingesammelt, der andere Teil verschwindet schließlich mit Schwung im Gebüsch. Wird dann in der Regenzeit entsorgt.

Es folgt der zweite Teil der Kajak-Wanderung, und der führt nun durch ein paar leichte Stromschnellen. Wir schrammen gerade noch so an einem Felsen vorbei, und auch aus dem Dickicht des Ufers können wir uns befreien. Danach geht es in ruhigerer Fahrt weiter hinein in das Flussbecken vor dem Örtchen Ban Hang Khon an der Südspitze der Insel Don Khon, einer durch eine Brücke mit Don Det verbundenen Nachbarinsel. Merkmal des Örtchens ist eine alte, von den Franzosen errichtete Verladerampe aus Beton. Sie war die Endstation einer kleinen Bahn, mit der die Handelsgüter wegen der Wasserfälle über Land umgeleitet wurden.

Das davorliegende Flussbecken ist die Heimat der vom Aussterben bedrohten Irrawaddy-Delfine, lateinisch *Orcaella brevirostris*. Nur noch 85 dieser Delfine mit stumpfer Schnauze leben im Mekong, hier in diesem tiefen Flussbecken sollen es gerade noch sechs Exemplare sein. Es sind die letzten in Laos. Und auch sie sind bedroht: Nur wenige Kilometer entfernt soll in einem Nebenarm der Don-Sahong-Staudamm gebaut werden. Die Tierschützer des WWF warnen vor den Folgen für die Delfine.

Wir jedenfalls wollen sie sehen und machen inmitten des Flusses eine Paddelpause. Träge dümpeln wir auf den Wellen dahin, und die Guides spähen nach den Delfinen. Sie sind eine touristische Attraktion, von Ban Hang Khon aus fahren deshalb Besichtigungsboote hierher. Doch wie es so ist mit Delfinen: Mal sieht man eine Finne im Wasser, manchmal gar nichts. Aber dann – in der Tat, in der Ferne durchpflügt für ein paar Sekunden eine Flosse die Fluten.

Wir landen schließlich nach einer guten Stunde auf dem Festland. Wieder werden die Boote mühsam über die Uferböschung hinaufgeschleppt, alle packen an. Oben erfolgt die Umladung auf kleine Lkw, auf denen auch die Paddler verstaut werden, und so geht es zu den Mekongfällen, Asiens größtem Wasserfall und dem breitesten Wasserfall der Erde. Das Wasser stürzt hier 20 Meter in die Tiefe – ein beeindruckender Anblick.

Die letzte Etappe unserer Tour führt uns auf dem Lkw schließlich nach Nakasang auf dem Festland, dem Ort, von dem aus die Fährboote nach Don Det hinübergehen. Wieder werden die Kajaks die Böschung hinabgelassen. Zum Schluss geht es quer über den hier schneller fließenden Mekong. Doch die Organisatoren haben eine Ablegestelle etwas flussaufwärts gewählt, sodass wir mit dem Strom hinüberschwimmen. Nach gut 20 Minuten landen wir wieder an unserer Ausgangsstelle an, und prompt geht im Westen die Sonne als roter Ballon unter. Schön wie auf einer Postkarte. Schön auch, dass niemand ins Wasser gefallen ist. Und jetzt ein Bier.

MÄNNERINDIKATOR: Exotisches Ambiente ohne Luxusresorts oder Massentourismus. Noch viel einfaches Leben ohne die Hektik der Stadt. Hühner und Schweine. Hoher Abschalt- und Abenteuerfaktor.

49

WO DER »WILLI« IN DIE WELT KOMMT

OBERBAYERN, DEUTSCHLAND

»Brennen oder Brauen?«, fragt der Mann neben den Langhornrindern, deren Schnauben an diesem kalten Samstagmorgen für kleine Dampfwolken sorgt. Es ist acht Uhr morgens, und die Besucher des »Brenn-Seminars« hier bei Glonn in Oberbayern suchen nach dem richtigen Weg. »Da rüber und die Eisentreppe rauf«, heißt es schließlich, und dann versammeln sich gut 25 Interessierte in einem großen, aber sehr mäßig temperierten umgebauten Stadel. In der Mitte stehen und liegen auf einem Tisch diverse Utensilien: Messbecher, Alkoholspindeln, Plastiktrichter. Vorn an der Leinwand steht Anton Wallisch. Der Mann aus Oberpframmern wird seinen Zuhörern heute seltsame Begriffe wie »Verschlussbrennerei« oder »Vorlauf« erklären. Bis in den Nachmittag hinein wird es um das »Brennen« gehen, also wie man aus Äpfeln, Birnen oder Zwetschgen jene klare »geistige« Flüssigkeit herstellt: den Obstbrand – vulgo auch »Willi« oder »Kirchwasser« genannt. Und das Selbstbrennen wird immer mehr zu einem sehr individuellen und exklusiven Hobby.

Wer sich an die Herstellung derartiger geistiger Getränke wagt, muss sich auskennen – mit ein paar Grundlagen von Chemie und Physik. Zuerst aber sollte man sich unbedingt kundig machen in Sachen Finanzrecht. Denn Schnapsbrennen ist nicht gleich Schnapsbrennen, und wer das nicht berücksichtigt, steht vielleicht schon mit einem Fuß im Gefängnis. Denn bei jedem Schluck an Hochpro-

zentigem, der durch die Kehlen des Volkes rinnt, hält der Fiskus die Hand auf und will seinen Anteil in Form der Branntweinsteuer.

Jetzt ist es neun Uhr vorbei, und Anton Wallisch klärt die Seminarteilnehmer auf über die verschiedenen Lizenzen, mit denen aus Obst ein Obstbrand werden kann. »Verschlussbrennerei« steht da zum Beispiel auf seiner Folie, und hinter dem Begriff verbirgt sich die Unerbittlichkeit der Staatsgewalt. Denn bei dieser Art Brennerei hat der Fiskus beziehungsweise der Zoll von Anfang an seine Finger im Spiel: Die Destilliergeräte sind verplombt, und der Alkohol darf nur in einem abgesperrten Raum fließen, zu dem nur die Zöllner den Schlüssel haben. Ist der Brennvorgang vorbei, kommen die Beamten und zählen die Liter – danach richtet sich dann die Steuer, die zu entrichten ist.

Unkomplizierter geht es bei der sogenannten »Abfindungsbrennerei« zu. Dabei ist die zu produzierende Alkoholmenge pro Jahr festgelegt: 300 Liter beim »gro-

Kurse im Schnapsbrennen werden von verschiedenen Veranstaltern quer durch Deutschland angeboten.

ßen Brennrecht«, 50 Liter beim »kleinen Brennrecht«. Die großen Brennrechte sind in fester Hand und werden nicht neu vergeben, für sie müsste man, ähnlich wie bei einer Taxi-Lizenz, eine Ablösesumme zahlen. Anders beim kleinen Brennrecht: Wer einen Obstgarten hat, kann dieses bei der Behörde beantragen und bekommt die Lizenz auch bewilligt, falls ein bestimmtes regionales Kontingent noch nicht ausgeschöpft ist.

Pause. Etliche Weißwürste und eine Stunde später begibt sich die Seminar-Crew ein Stockwerk tiefer in die Destille. Der weiß gekachelte Raum mit dem großen Kupferkessel ist das Reich von Sylvester Schwaiger, der hier den Bio-Schnaps der Bio-Bauern brennt. Jetzt ist er gerade dabei, mit ein paar Holzscheiten das Feuer im Kessel zu schüren, während Seminarleiter Wallisch das A und O des Brennens am Gerät vorführt. Das »A«, das ist die Maische, ein Brei aus zermanschtem Obst: Äpfel, Birnen, Kirschen, Marillen und was so alles im Garten wächst. Die Maische gärt und entwickelt den natürlichen Fruchtalkohol. Um an den ranzukommen, kippt Schwaiger die Maische in den Kessel, sie wird dort im Wasserbad erwärmt, und dann beginnt das Verdampfen. Nun hat Gott die Welt so eingerichtet, dass Wasser bei 100 Grad Celsius verdampft, Alkohol aber bereits bei 78,35 Grad. Was dazu führt, das man beide Dämpfe trennen kann. Über ein Kühlrohr wird der Wasserdampf wieder zu Wasser und fließt in die Maische zurück, während der Alkoholdampf zu einer klaren Flüssigkeit kondensiert und als Obstwässerchen aus einem Röhrchen fließt – das »O«!

So weit das Prinzip, aber wie Brennmeister Schwaiger die Seminarteilnehmer belehrt: »So einfach is es net.« Weil es zum Beispiel einen sogenannten Vorlauf gibt. In diesen ersten Litern, die aus der Destille gewonnen werden, sind chemische Bestandteile drin, die man nicht haben will. Essigsäureester oder Acetaldehyd etwa. Dieser Vorlauf ist untrinkbar, aber alkoholisch, und man kann ihn zum Beispiel als Enteisungsmittel in die Scheibenwaschanlage des Autos schütten. »Ein Jahr lang hob ich mir kein Bier nicht mehr trinken trauen, weil es im Auto so nach Alkohol gestunken hat«, gibt allerdings der Brennmeister hinsichtlich Polizeikontrollen zu bedenken. Nach dem Vorlauf kommt der Hauptlauf, und die so gewonnene Flüssigkeit mit ihren rund 75 Prozent Alkohol ist dann der spätere – noch mal mit Wasser verdünnte – Obstbrand. Sinkt der Alkoholgehalt rapide ab, kommt der Nachlauf – man kann ihn wieder zur Maische schütten.

Das Seminar hat mittlerweile die Mittagspause erreicht, und ein Schweinebraten trennt den Vormittagsteil vom Nachmittag. Dort geht es dann gustatorisch zur Sache: Mehrere Schnäpse werden blind verkostet, und alles dreht sich um Geruch und Geschmack. Zum Beispiel um den Bittermandelgeschmack, den die Brände annehmen, wenn man die Obstkerne in der Maische lässt. Oder um das Aroma von Schlehenbrand, der teuer ist, weil die Maische nur wenige Liter Alkohol liefert.

Bald ist es 15 Uhr am Nachmittag, und das Seminar geht mit der Verteilung der »Brenn-Diplome« zu Ende. Die Teilnehmer haben eine Menge gelernt – was eine »Alkoholspindel« ist zum Beispiel (ein Messgerät zur Bestimmung des Alkoholgehalts) und dass Schwarzbrennen strafbar, weil Steuerhinterziehung ist. Oder dass man Obstbrände nie eiskalt trinken sollte, weil man dann keine Aromen schmeckt (»Wenn Sie den Willi dann bei Zimmertemperatur trinken und es nach Nagellack schmeckt, wissen Sie, was drin war«), auch dass Tafeläpfel sich grundsätzlich nicht für das Brennen eignen. Am Schluss packt Seminarleiter Wallisch, der selbst seit einigen Jahren brennt, seine Utensilien zusammen und gibt jedem Teilnehmer noch eine Flasche des »Selbstgebrannten« vom Vormittag mit auf den Weg. Das Urteil eines Teilnehmers: »Guad, aber a weng rass!« (Gut, aber ein Rachenputzer).

MÄNNERINDIKATOR: Schwarzbrennen ist ebenso wie das Wildern abenteuerlich, aber eben verboten. Also lieber den geistigen Getränken bei einem Brennseminar auf die Spur der Aromen kommen. Hoher Wissens- und Alkoholfaktor.

50

DIE INSEL AM ENDE DER WELT

CHATHAM, NEUSEELAND

»Das Clima dieser Insel ist noch milder und gleichförmiger als Neu Seeland, was der Abwesenheit hoher, mit ewigem Schnee bedeckter Gebirge und der allenthalben nahen Umgebung eines tiefen Meeres zuzuschreiben ist.« So steht es in einem Bericht von 1842 für die »Deutsche Colonisations-Gesellschaft« in Hamburg. Es geht um die Gründung einer Kolonie auf den Chatham-Inseln hinter Neuseeland am Ende der Welt. Und richtig: Das Klima dort ist mild.

So klettert das Thermometer im Sommer auf rund 17 Grad Celsius – und Sommer meint dabei die Monate von Oktober bis April. Das ist genau umgekehrt wie bei uns auf der nördlichen Halbkugel, und auch sonst ist etliches andersherum: Denn die Bewohner der Chatham-Inseln sind unsere Antipoden, ihre Fußsohlen auf der Erde zeigen in unsere Richtung. Wikipedia sagt dazu: »Antipoden (von griechisch ἀντί *(antí)* »gegen« und πούς *(poús)* »Fuß«, wörtlich »Gegenfüßer«; latinisiert *Antipodes*) ist die Bezeichnung für die auf der gegenüberliegenden Seite der Erde liegenden Gebiete sowie für die dort lebenden Menschen, die wörtlich mit ihren Füßen denen des Betrachters zugewandt sind.« Während wir also aufrecht stehen, »hängen« sie auf der anderen Halbkugel mit dem Kopf »nach unten«. Dass einem dort nicht dauernd das Blut in den Kopf steigt, dafür sorgt bekanntlich die Erdgravitation. Wenn hier von »unseren« Antipoden die Rede ist, dann meint das Europa. Der genaue Gegenpunkt zu den Chatham-Inseln liegt irgendwo in Südfrankreich bei Montpellier.

Doch zurück zum Klima. Auch die Winter sind mild, das ozeanische Klima bringt es im tiefsten Winter, im Juli, immerhin noch auf fünf Grad plus. In diese Zeit fallen auch die meisten Regentage. Klar also ist: Die beste Besuchszeit für die Inseln ist dann, wenn bei uns der Schnee fällt.

Aber man muss ja erst einmal hinkommen. Das ist weniger kompliziert, als man vermuten könnte. So wird Waitangi, die Hauptstadt der Insel, seit 30 Jahren regelmäßig von Wellington auf der Nordinsel Neuseelands durch die Fluggesellschaft »Air Chathams« angeflogen. Der Flug kostet hin und zurück um die 500 Euro und dauert einfach gut drei Stunden. Die Chatham-Inseln liegen 800 Kilometer östlich des Festlands und bestehen aus einer Hauptinsel und zehn kleineren Eilanden. Nur zwei davon, die Hauptinsel und Pitts Island, sind bewohnt. Mit einer Gesamteinwohnerzahl von 600 Menschen ist die Gefahr sehr gering, dass man sich gegenseitig auf die Füße tritt.

Die zweimotorige Convair 580 landet auf dem Tuuta-Airport, der sich an einer Lagune gut 25 Kilometer nördlich des Hauptortes befindet. Wer hier aussteigt, den empfangen neben besagtem mildem Klima ein paar niedrige Flughafengebäude, ein weiter Himmel und viel Ruhe, wenn die Motoren zum Stillstand gekommen sind. Die Insel besteht aus langen Stränden, grünen Weideflächen, ein paar Hügeln, einer Nord- und einer Südstraße und der Ansiedlung Waitangi

Die Chatham-Inseln bestehen aus elf Eilanden, von denen aber nur zwei bewohnt sind, und liegen im Südpazifik rund 800 Kilometer östlich der Südinsel von Neuseeland.

mit ihren 350 Einwohnern. Der Ort ist auch das Verwaltungszentrum der kleinsten Gemeinde von Neuseeland. Der Gemeinderat wird alle drei Jahre gewählt und beschäftigt sich zum Beispiel mit der Instandhaltung von Straßen, der Wasserversorgung oder dem Halten von Hunden. Die Menschen auf der Insel leben vor allem von der Landwirtschaft und vom Fischen, der Tourismus ist noch ein kleines Pflänzchen, das aber gehegt und gepflegt wird.

Dass die Insel Besuch von Touristen bekommt, dafür stehen eine ganze Reihe von möglichen Unterkünften, zum Beispiel das »Hotel Chatham« in Waitangi. Das Hotel geht zurück auf das Jahr 1860 und liegt direkt am Meer, heute sieht es aus wie ein zweistöckiges Motel. Das Restaurant serviert fangfrischen Fisch, darunter den Zackenbarsch, Langusten oder Kabeljau, mit einem neuseeländischen Weißwein ein kulinarischer Genuss. Im Hotel lässt sich auch ein Auto mieten, und von hier aus wird auch der Transfer vom und zum Flughafen organisiert, einen öffentlichen Transport gibt es auf der Insel nämlich nicht. Und noch ein wichtiger Tipp: Die Unterkunft immer schon vor der Anreise auf dem Festland buchen.

Ein bisschen Geschichte: Die Insel wurde vor tausend Jahren von Polynesiern bevölkert, die in der Abgeschiedenheit des Südpazifiks eine eigene Kultur entwickelten. Sie nennen sich selbst Moriori, und in ihrer Sprache heißt die Insel Rekohu. 1791 wurde die Insel von dem englischen Segelschiff »HMS Chatham« entdeckt, daher auch die Namensgebung. Um 1800 herum kamen die ersten Siedler auf das Eiland, Robbenjäger, Walfischfänger und Farmer. 1840 begann eine Gruppe von Hamburger Kaufleuten sich für die Chatham-Insel als Ziel für eine deutsche Kolonie zu interessieren. Doch das Projekt zerschlug sich, als 1842 die Insel unter britische Souveränität gestellt wurde. Das milde Klima blieb den englischen Auswanderern vorbehalten.

Und was kann man nun eigentlich auf dieser Insel tun? Zum Beispiel die Landschaft und die seltene Tierwelt erkunden. So ist die Gegend geprägt von Vulkanen, dem immer nahen Meer, Sanddünen und Felsen, die von einheimischen Vögeln und Pflanzen bevölkert werden. Und da gibt es noch etwas, dessen sich die Chatham-Insel rühmt: Weil sie nahe der Internationalen Datumsgrenze liegt, kann man hier als erster Mensch die Sonne des neuen Tages aufgehen sehen.

MÄNNERINDIKATOR: Irgendwo im Südpazifik mit ein paar Vögeln, Robben, Sandstränden und ein paar Hundert Einwohnern. Eine Insel für Männer mit Entdeckerdrang. Hoher Am-Ende-der-Welt-Faktor.

NACHWEISE

Texte

Kapitel 2: *Die unsichtbaren Atomraketen von South Dakota.* Neue Zürcher Zeitung, 30.11.2012 und teilweise aus *Von Fischtreppen, US-Sozialismus und einem verbreiteten Irrglauben.* Telepolis, 08.08.2013 / Kapitel 3: teilweise aus *Von Pinkelproblemen, Nazi-Bildern und den kulturellen Symbolen des Reichtums.* Telepolis, 25.07.2013 / Kapitel 5: *In den Höhlen analoger Technik.* VDI-Nachrichten, 08.12.2016 / Kapitel 8: teilweise aus *Von Pinkelproblemen, Nazi-Bildern und den kulturellen Symbolen des Reichtums.* Telepolis, 25.07.2013 / Kapitel 9: teilweise aus *Der späte Sieg der Seminolen.* Neue Zürcher Zeitung, 20.08.2007 / Kapitel 12: teilweise aus *Vom Sommer, dem Trinken und dem Land der großen Gegensätze.* Telepolis, 17.08.2013 / Kapitel 13: *Kerzenstummel für den Conducator.* Der Freitag, 25.12.2009 / Kapitel 14: *Das linke Erbe.* Die Tageszeitung, 02.06.2013 / Kapitel 15: Bildpost, 01.11.2015 und *Einsiedelei auf Zeit.* Wiener Zeitung, 26.12.2015 / Kapitel 16: teilweise aus *Der Retter der göttlichen Nymphen.* VDI-Nachrichten, 08.05.2015 / Kapitel 17: *Das Projekt Utopia.* VSA-Verlag, Hamburg 2004 / Kapitel 19: *Das gefährdete digitale Gedächtnis.* VDI-Nachrichten, 04.03.2011 / Kapitel 21: *Das kommunistische Amerika.* Mandelbaum Verlag, Wien 2015 / Kapitel 29: teilweise aus *Neue Signale für das Radom von Raisting.* VDI-Nachrichten, 08.04.2011 / Kapitel 38: *Warten auf Außerirdische.* Wiener Zeitung, 27.06.2017 und *Die Stadt der Außerirdischen.* Telepolis 25.06.2017 / Kapitel 44: *Jerome gibt noch einmal Gas.* Der Freitag, 17.09.2009 / Kapitel 48: *Delfine oder Wasserkraft.* Wiener Zeitung, 14.01.2017.

Die Zitate auf den S. 53 und 54 f. stammen aus: Jack Kerouac, *Unterwegs.* Deutsche Übersetzung von Thomas Lindquist. Copyright © 1959, 1986 Rowohlt Verlag GmbH, Reinbek bei Hamburg.

Bilder

Alle Bilder stammen aus dem Archiv des Autors, außer: S. 29 LorenzoPeg/Shutterstock / S. 77: Malgorzata Litkowska/Shutterstock / S. 92: visualpower/fotolia / S. 93: Ihab/fotolia / S. 95: Schlitzohr086/fotolia / S. 104: Matejh photography/iStock / S. 105: Matej Hudovernik/Shutterstock / S. 106: robnaw/fotolia / S. 107: Matej Hudovernik/iStock / S. 113: Iakov Filimonov/Shutterstock / S. 117: mdbphoto/Shutterstock / S. 118: vvoe/Shutterstock / S. 119: ollirg/Shutterstock / S. 161, 163: topics/fotolia / S. 205: HugYou/Shutterstock / Illustration Männerindikator: Red monkey/Shutterstock